CAEN EN 1786.

IMPRIMERIE ET FONDERIE DE E.-J. BAILLY,
Place Sorbonne, 2.

CAEN

EN

MIL SEPT CENT QUATRE-VINGT-SIX,

PREMIÈRE CHRONIQUE NORMANDE,

SUIVIE

DE

FRAGMENS D'UN LIVRE DE FABLES;

PAR ADOLPHE POIGNANT.

SECONDE EDITION.

PARIS.
DEBÉCOURT, LIBRAIRE-ÉDITEUR,
RUE DES SAINTS-PÈRES, 69.
—
1841.

INTRODUCTION.

Je ne sais quel charme nous attire vers les siècles passés. Est-ce curiosité ? Ne serait-ce pas plutôt ce plaisir que nous éprouvons en sortant de jardins dessinés symétriquement, que la main de l'homme a fatigués et retournés en cent façons, à revoir une nature inculte mais vigoureuse.

Un moraliste a dit avec raison que l'excès de civilisation énervait. Il semble que, pour combattre avec succès cette funeste tendance, nous devons reporter souvent nos pensées vers les âges qui nous ont précédés, étudier les mœurs de nos aïeux, et les offrir comme un correctif à nos contemporains. C'est le meilleur moyen de nous retremper dans le souvenir de ces caractères énergiques qu'on rencontre si souvent dans les annales de nos villes, et qui s'inspiraient à de pures et nobles croyances.

Tel est le but qu'on s'est proposé dans l'histoire qu'on va lire. Quelle que soit l'opinion qu'on ait de cet ouvrage, il sera du moins difficile de refuser aux personnages qui y figurent un incontestable mérite, celui d'être vrais. Plusieurs d'entre eux sont morts de notre temps; nous avons pu les voir, et c'est dans leurs entretiens, animés de touchans souvenirs, que nous avons puisé les faits que notre plume va tracer.

Que si on reproche à ces faits de ne pas toujours bien se lier à l'action principale, de porter quelquefois l'attention vers des choses presque étrangères, nous répondrons que nous avons cherché principalement à peindre une ville de notre Normandie à une époque, et que nous n'avons dû rien négliger de ce qui servait à la rebâtir à l'imagination du lecteur, avec ses monumens, ses institutions, les passions et les vertus de ceux qui l'habitaient.

Le monde a été vite depuis 50 ans. Le volcan de 93 a creusé un abîme entre la France de Louis XVI et la nôtre. C'est l'heure maintenant pour nous autres, contemporains de ces divers régimes, d'en laisser le souvenir traditionnel à nos neveux, auxquels est réservée la tâche difficile de nous juger un jour.

CHAPITRE PREMIER.

> Nos pères se contentaient de revencher une injure par un démenti, un démenti par un coup.
>
> MONTAIGNE, *Essais*, liv. II, ch. xxvii.

En 1786, le régiment d'Artois se trouvait en garnison à Caen. On était au 24 mai, jour de la fête de l'Ascension. Deux officiers de ce régiment, se tenant sous le bras, parcouraient lentement la magnifique avenue du Cours. Là, ils passaient en revue dans leurs malins propos une partie de la population de la ville, que la solennité du jour et la beauté d'un ciel de printemps conviaient à la promenade. C'étaient de nobles gentilshommes, portant l'habit de soie à la française, la veste de satin à fleurs, les souliers à haut talon, avec des boucles en or ciselé, et l'épée à poignée d'argent, dont la pointe était à deux pieds de terre; c'étaient leurs nobles dames, emprisonnées dans un étroit corset; d'énormes paniers soutenaient des robes d'étoffes de soie travaillées à Lyon, et chargées de nombreux ramages; de petites mules cachaient à peine un bas de soie qui faisait ressortir une jambe bien faite; une coiffure pyramidale, ornée de fausses fleurs et de dentelles, complétait l'édifice d'une parure agréable à l'œil, mais bien gênante pour celle qui la portait.

Les simples bourgeois avaient l'habit de camelot, la veste de basin, la culotte de drap ou de nankin, et les souliers à boucles d'acier. Leurs femmes cherchaient à imiter les modes des dames nobles; mais leurs robes étaient d'une étoffe moins riche, et faites dans des proportions plus modestes.

Le moindre inconvénient de ces parures recherchées, était de ralentir et d'embarrasser la marche. L'un des officiers, lorsque ces belles dames défilaient majestueusement devant lui, les compara avec assez de brutalité *à des oies qui se pavanent sur le bord d'un étang*. Nous avons quelque peine à rapporter un propos si inconvenant et si éloigné de la courtoisie chevaleresque des officiers français.

Il arriva aux oreilles de deux hommes, assis sur le parapet, et qui causaient tranquillement les yeux fixés sur la prairie. L'un d'eux, écolier de l'Université, paraissait âgé de 20 à 22 ans; l'autre, plus grand et plus âgé, portait l'habit de cordelier. *Des oies peuvent très bien se pavaner quand elles ont des dindons pour spectateurs*, dit le plus jeune, en fixant ses regards sur celui des officiers qui avait tenu le propos.

Que veut donc ce petit bonhomme? s'écrie l'officier, en s'avançant vers l'interlocuteur, la canne levée. Il est prévenu par le cordelier, qui s'élance, la lui arrache, la brise et lui en jette les morceaux au visage.

A cet outrage, le militaire reste un instant comme attéré ; puis, revenant à lui, il se jette sur le cordelier qui le reçoit dans ses bras vigoureux, l'enlève de terre et le lance dans la prairie qui s'étendait au bas du parapet. Le conflit avait eu lieu si rapidement, que l'autre officier, l'écolier, ni aucun des nombreux spectateurs n'avaient pu s'y opposer.

Le cordelier regardait son adversaire gisant dans la prairie. L'officier, resté sur le Cours, avait la main sur la garde de son épée, et était arrêté par l'écolier qui lui proposait tout bas un rendez-vous pour le soir même derrière le couvent des Capucins. Les spectateurs restaient stupéfaits. Un officier d'Artois battu par un abbé ! Dans les idées du temps, c'était plus qu'un scandale.

Cependant, la foule se rassemblait. Des soldats, des écoliers de l'Université arrivaient de toutes parts. Plusieurs officiers étaient descendus dans la prairie, et avaient relevé leur camarade, qui se plaignait d'avoir le poignet foulé, et dont la rage, plus encore que la douleur, s'exhalait en mots entrecoupés. De leur côté, les écoliers de l'Université s'étaient groupés autour de leur condisciple ; il leur racontait l'origine de la querelle, et en était hautement approuvé. Le cordelier restait seul, mais sa contenance impassible et ferme imposait à tout ce monde assemblé.

Le calme ne dura qu'un moment.

Des cris et des vociférations éclatent de toutes parts. Les soldats du régiment d'Artois, excités par leurs chefs, s'avancent pour arrêter le cordelier et son ami. Les écoliers courent à leur défense, et se font des armes de tout ce qu'ils rencontrent. On construisait alors le Wauxhall, qui existe encore aujourd'hui à l'entrée du petit Cours. Les échafaudages des ouvriers sont démolis dans un instant, et fournissent des moyens de résistance à cette turbulente jeunesse. D'un côté du Cours sont les soldats du régiment d'Artois, de l'autre les écoliers faisant intrépidement face, armés de bâtons et de pierres, à des adversaires munis d'épées et de sabres ; mais, dès cette époque, le bâton était une arme dangereuse dans la main des Caennais, habitués à le manier presque au sortir de l'enfance.

Pas un seul ne songe à fuir. Plusieurs même sortent des rangs, et font le moulinet avec le formidable bâton à deux bouts. Ils provoquent leurs adversaires par le sobriquet de *régiment de l'omelette*. Les écoliers appelaient ainsi le régiment d'Artois, à cause de la couleur jaune des revers, du collet et des paremens de son habit d'uniforme. D'autres fredonnent entre leurs dents, mais de manière à ce que le bruit qui allait en croissant parvienne jusqu'aux oreilles des soldats, ce refrain d'une vieille ronde normande :

Battons-la l'omelette au lard ;
Battons-la l'omelette.

Il était difficile que de pareilles provocations restassent impunies. Déjà plusieurs coups avaient été donnés et reçus de part et d'autre.

Fort heureusement M. Chibourg, alors recteur de l'Université, se promenait au Cours avec M. Coquille Deslonchamps, syndic général, et le chevalier de Canchy, major du château. Ces Messieurs se jetèrent entre les deux partis, et à force de prières, d'exhortations et de menaces, parvinrent à empêcher que la collision n'allât plus loin. L'officier blessé fut reconduit à son hôtel par ses camarades, et l'attroupement des écoliers se dissipa. Toutefois on remarqua que l'officier, pendant le trajet, ne cessait de répéter que le cordelier *le paierait*. On ne fit pas assez d'attention à cette sinistre prédiction qui ne se réalisa que trop bien dans la suite. Mais n'anticipons pas sur les événemens.

Dès à présent nous ferons seulement remarquer qu'il existait entre les officiers d'Artois et les écoliers de l'Université une vive antipathie, ne cherchant que les occasions de se manifester.

Quand les officiers furent partis, le moine qui était sous-prieur du couvent des Cordeliers, et son ami, appelé Henri de Nollent, remontèrent le Cours du côté des moulins de Montaigu. Ils voulaient échapper aux empressemens de cette fougueuse jeunesse dont l'indiscrétion pouvait les compromettre. Ils sentaient d'ailleurs l'un et l'autre le besoin de se recueillir pendant un moment pour calmer la vive émotion qu'ils avaient éprouvée.

Après quelques instans de silence, Henri prit la parole :

— Mon cher Georges, qu'est-ce que tout cela va devenir ?

— Que voulez-vous qu'il en résulte ? nous ne sommes pas les agresseurs. On nous a attaqués, nous nous sommes défendus.

— L'officier que vous avez jeté dans la prairie, lorsque vous veniez si généreusement à mon secours, est le vicomte de Lormoi. C'est un homme dangereux.

— Que peut-il me faire ? Ne suis-je pas hors de ses atteintes ?

— Si certaine intrigue était connue, la haine pourrait cruellement l'exploiter.

— Vous voulez parler d'Eugénie Salmon ?

— Sans doute.

— Qui devinera jamais ce fatal secret ?

— Comment suis-je parvenu à le découvrir ? par hasard. Pourquoi ce même hasard ne servirait-il pas le vicomte de Lormoi ? Alors doutez-vous que toute la ville n'en fût immédiatement instruite ?

Le visage du Cordelier se couvrit un instant d'une vive rougeur ; mais bientôt la fermeté habituelle de son âme reprenant le dessus, il tendit la main à son ami et lui dit en souriant tristement :

Seigneur, trop de prudence entraîne trop de soin,
Je ne sais pas prévoir les malheurs de si loin.

Il se fit un moment de silence entre les deux amis. Le Cordelier paraissait réfléchir. Il hâta bientôt le pas comme un homme qui cherche à échapper à une idée pénible. Tout-à-coup il s'arrêta, et changeant brusquement de conversation :

— Savez-vous, mon cher Henri, que j'aurais presque à me plaindre de vous?

Henri fit un geste d'étonnement.

— Vous manquez de confiance envers moi. Vous aimez ma filleule, la jolie Marianne, et vous ne m'en parlez pas.

— D'où le savez-vous, qui vous l'a dit?

— Personne, mais je l'ai deviné en vous voyant près d'elle si empressé, si heureux. Mon ami, songez qu'elle a la pureté des anges, et qu'elle doit arriver pure dans les bras de son époux.

— Me préserve le ciel d'aucune mauvaise pensée! Eh! qui pourrait en concevoir auprès d'elle? Si vous la voyiez comme moi, si vous entendiez comme moi le son de sa voix, quand d'un petit air grave elle me fait asseoir devant elle, qu'elle me reproche de négliger mes études, qu'elle me menace de la colère de mon père, vous diriez un maître qui gourmande un timide écolier. Oui je l'aime sans doute, mais croyez-le bien, elle est aussi en sûreté avec moi que si j'étais son père ou son frère.

En écoutant cette déclaration si spontanée, si énergique, le Cordelier pressa Henri contre son cœur et leva au ciel ses yeux d'où s'échappèrent quelques larmes. Que se passa-t-il en ce moment dans son âme? Était-ce de la joie en entrevoyant le bonheur prochain de deux êtres qu'il chérissait? Était-ce un retour sur lui-même et sur sa destinée?

CHAPITRE DEUXIÈME.

> D'autres peindront mieux les donjons crénelés et leurs nobles châtelaines ; pour moi, j'aime des récits plus modestes : l'habitation des cités a aussi sa poésie.
>
> (*Un Anonyme.*)

> Ces joues et ce front d'apparence si douce et si calme, ces couleurs dont l'éclat éblouit ; tout enfin ne révèle que des jours passés dans la vertu, un esprit en paix avec la terre, un cœur dont l'amour est innocent.
>
> Byron, *Mélodies hébraïques.*

Nous sommes dans la grande rue Saint-Pierre et dans le magasin de M. Dubourg, riche marchand de denrées coloniales qui demeurait en face de la halle. C'était le lendemain de la scène que nous venons de raconter.

Plusieurs voitures chargées de sucre, d'indigo, de coton, etc., étaient rangées devant la porte. Un homme de soixante ans environ, encore vert, donnait ses ordres à plusieurs ouvriers occupés à déballer les marchandises, et à les faire descendre dans les caves par une trappe ouverte au milieu du magasin. Il était vêtu d'une robe de chambre de soie à ramages et d'un pantalon de molleton blanc : il avait sur sa tête un bonnet de coton recouvert d'une coiffe en mousseline blanche.

Au comptoir était assise une jeune fille qui surveillait le travail des garçons de magasin et enregistrait les marchandises au fur et à mesure qu'elles étaient descendues dans les caves.

Elle paraissait âgée au plus de seize ans. C'était la fille du marchand. Elle s'appelait Marianne, et rien dans ses manières, dans le son de sa voix, ne démentait la simplicité et la douceur de son nom. Seulement, en l'examinant, on trouvait en elle un air de gravité et de réflexion, bien naturel au reste dans une jeune fille placée à la tête d'une maison et de tout le détail d'un commerce.

M. Dubourg, en se promenant de long en large dans le magasin et l'arrière-magasin, se frottait les mains de contentement. Il regardait de temps en temps une vieille gouvernante assise au comptoir, pour lui faire remarquer l'intelligence sûre et prompte de son enfant chéri. Dame Geneviève (c'était le nom de la gouvernante) redressait la tête, se rengorgeait et semblait répondre au marchand : C'est pourtant à moi que vous devez tout cela.

La vérité nous oblige à dire que dame Geneviève méritait la reconnaissance de M. Dubourg. Le marchand avait perdu sa femme de bonne heure; ne songeant point à se remarier, il avait été trop heureux de rencontrer dans une de ses domestiques l'aptitude et la bonne volonté nécessaires pour élever son unique enfant. De son côté, Geneviève s'était montrée digne de sa confiance. Son attachement pour Marianne, les soins dont elle l'avait environnée à tous les momens de sa vie, étaient ceux non pas d'une domestique mais d'une mère intelligente et dévouée. Est-ce à dire que Geneviève était un de ces caractères à part et hors ligne qui font le bien par goût, par devoir, et sans aucun reflet d'intérêt personnel? Eh! mon Dieu, non. Nous pouvons même formuler en termes très simples ses projets pour l'avenir, projets qui étaient le résultat d'un calcul assez bien raisonné.

M. Dubourg étant d'un âge avancé, on devait présumer que dans une dixaine d'années tout serait fini pour lui, et qu'un tombeau modeste, mais décent, annoncerait aux générations futures, qu'en *telle* année était mort à Caen M. Dubourg, négociant, deux fois échevin de la ville de Caen (a), marguillier de sa paroisse, etc.

Que deviendrait alors dame Geneviève? Elle ne pouvait à son âge penser à se marier ou à vivre seule, bien que ses services, largement rétribués par son maître, l'eussent mise à même de faire de notables économies; d'ailleurs elle avait besoin de voir cette enfant qu'elle avait élevée, de l'avoir sans cesse sous ses yeux; c'était sa passion, sa vie.

(a) Voir l'Appendice, à la fin du volume.

Dans cette situation, le choix d'un époux pour Marianne n'était rien moins qu'indifférent à dame Geneviève. Si Marianne, riche héritière, épousait quelque noble bien fier de sa naissance, quelque homme en place qui l'enlèverait à ses habitudes simples et modestes, elle serait perdue pour Geneviève. Si, au contraire, Marianne devenait la compagne de quelque honnête négociant qui prendrait la suite des affaires de M. Dubourg, Geneviève serait assurée de passer le reste de ses jours avec Marianne.

Ne sera-t-elle pas bien plus heureuse, se disait Geneviève, quand elle sera la femme d'un riche négociant, échevin ou prieur juge-consul, que si elle devient grande dame, épouse de quelque noble ruiné, qui la méprisera et dévorera le fruit de longues économies.

Le résultat de ces réflexions fut que Geneviève se promit d'avoir l'œil ouvert sur tous les prétendans au cœur et à la main de Marianne, et d'écarter ceux qui ne réuniraient pas les conditions voulues.

Elle avait déjà remarqué que les visites de Henri de Nollent devenaient de plus en plus fréquentes. Cela lui avait donné à penser. Sous certains rapports Henri lui aurait convenu. Il était si beau garçon, si généreux, si poli; Marianne paraissait le voir avec tant de plaisir! Quel joli couple ils feraient tous les deux! se disait Geneviève. Mais ces considérations ne pouvaient balancer dans son esprit des torts irréparables.

Premièrement Henri était étranger à la ville de Caen, et il y avait lieu de croire que, s'il devenait l'époux de Marianne, il conduirait cette jolie enfant dans sa ville natale, ou peut-être même dans une terre que son père possédait à quelques lieues d'Évreux. Dans ce temps où les voies de communication étaient difficiles et ne ressemblaient en rien à ce qu'elles sont aujourd'hui, une distance de vingt-cinq lieues pouvait entraîner des années de séparation.

Deuxièmement, Henri était l'ami de cœur de dom Georges; et le sous-prieur, en qualité de parrain de Marianne, s'était attribué une espèce de surveillance sur l'éducation de cette jeune fille. Il se permettait même quelquefois de contrecarrer les idées de Geneviève.

En voilà, certes, plus qu'il ne fallait pour exciter la mauvaise volonté de notre gouvernante. Aussi on peut aisément se figurer avec quelle avidité elle reçut la nouvelle des troubles qui avaient eu lieu sur le Cours de Caen, et de la part notable qu'y avaient prise dom Georges et Henri. Dès le soir même, M. Dubourg et Marianne en connaissaient toutes les circonstances, revues, corrigées et augmentées, à l'aide de bienveillans commentaires dûs à la charité des bonnes langues du quartier.

M. Dubourg aimait Henri. Ce jeune homme était le fils d'un de ses anciens et bons amis. Peut-être même avait-il entrevu déjà la possibilité d'une union avec sa fille ; mais l'événement du Cours modifia singulièrement ses favorables dispositions. Il savait, toutefois, faire la part de la jeunesse et de cet esprit de turbulence, conséquence nécessaire d'une agglomération de jeunes têtes.

Dom Georges lui paraissait moins pardonnable. Le caractère dont il était revêtu, son âge, auraient dû l'engager à modérer l'impétuosité de Henri, et, d'après tous les rapports qui avaient eu lieu, c'était lui qui s'était rendu coupable du plus grand acte de violence.

En bonne justice, le marchand aurait dû excuser Henri, et faire tomber sur dom Georges tout le poids de son mécontentement; c'était l'ordre naturel des choses, et cependant ce ne fut pas celui que suivit M. Dubourg : plusieurs considérations s'y opposaient.

D'abord, dom Georges était le parrain de Marianne, et cette quasi-parenté avait établi entre la famille du marchand et dom Georges des relations presque journalières, qui étaient devenues une habitude pour M. Dubourg. D'ailleurs, qu'auraient dit les voisins si un homme aussi considérable que le sous-prieur des Cordeliers avait tout-à-coup interrompu ses visites?

En second lieu, c'était un peu par le crédit de dom Georges que le marchand avait obtenu la fourniture du sucre et du café qu'on consommait au couvent des Cordeliers, et l'esprit mercantile commandait de ménager dom Georges, qui pouvait très bien retirer ce qu'il avait donné.

La mauvaise humeur du marchand ne pouvait donc s'exercer sur dom Georges; il la reporta sur Henri, par ce singulier esprit de compensation qui avait inspiré à nos bons aïeux d'introduire auprès des jeunes princes un pauvre enfant dont l'emploi consistait uniquement à recevoir les corrections que ces grands personnages avaient méritées.

Sur ces entrefaites, Henri vint comme à l'ordinaire lui rendre visite. Trouvant le magasin obstrué par les marchandises, il passa par une allée qui était à côté, et ouvrit doucement une porte qui donnait dans l'arrière-magasin; il se trouva alors en présence du marchand. Ce dernier, en l'apercevant, fronça le sourcil.

— Ah! ah! Monsieur, vous voilà. Vous avez

fait de bel ouvrage hier : de petits écoliers s'attaquer au régiment d'Artois !

— Nous n'avons pas été les agresseurs ; nous nous sommes défendus.

— Et votre ami le sous-prieur des Cordeliers, croyez-vous qu'il ne soit pas en ce moment l'objet de la censure de ses supérieurs?

— Ce serait une injustice.

— On dit que l'officier qu'il a jeté dans la prairie a le bras cassé.

— Bah! une misère, une foulure tout au plus, que quelques jours de repos auront bientôt guérie. Après tout, il n'a eu que ce qu'il méritait.

— Comment, ce qu'il méritait !

Marianne écoutait ce dialogue. Toute son attention s'était portée jusqu'alors sur le travail des ouvriers ; le son d'une voix bien connue lui avait fait quitter sa place, malgré l'opposition de Geneviève. Aux derniers mots que prononça son père, elle crut devoir intervenir, et entra dans l'arrière-magasin.

Cette apparition produisit un effet différent

sur les deux interlocuteurs : M. Dubourg se sentit plus fort en la voyant ; quant à Henri, il baissa la voix, devint timide, embarrassé et presque tremblant. Elle était donc bien imposante avec ses jolis traits, ses beaux yeux bleus et ses seize ans !

— Viens, ma fille, dit le marchand, viens faire compliment à ton cousin sur sa belle conduite d'hier. Pourquoi son père, notre honorable parent, ne songe-t-il pas à lui acheter une compagnie de cavalerie, au lieu de le destiner au barreau ?

— Je vous assure, Monsieur, répondit Henri, que je suis plus à plaindre qu'à blâmer, et que votre désapprobation m'est plus pénible qu'une rencontre que je ne cherchais pas.

— Non, mais que vous avez provoquée en insultant deux officiers du régiment d'Artois.

Henri se mordit violemment les lèvres, et ne put que murmurer à demi-voix : Ce sont des insolens.

Un garçon vint chercher M. Dubourg, ce qui épargna à Henri une vive réplique ; mais il n'y perdit rien, car Marianne reprit la conversation au point où l'avait laissée son père.

— Fort bien, Henri ; il vous convient d'excuser des actes de violence que vous avez partagés. Mais je ne sais si votre père sera bien disposé à vous laisser finir vos études à Caen lorsqu'il apprendra comment vous employez votre temps.

— Mais, ma cousine, si vous vouliez que je vous expliquasse l'origine de la querelle.

— Mon Dieu, que m'apprendriez-vous ? Toutes ces querelles ne se ressemblent-elles pas ? On connaît MM. les écoliers de l'Université. N'ai-je pas entendu dire à mon père qu'ils ont toujours le bâton ou le fleuret à la main, et que c'est un besoin pour ces messieurs de mettre à profit les leçons qu'ils reçoivent dans les salles d'armes ?

— Devais-je abandonner un ami qui avait pris ma défense ?

— Vous voulez parler de dom Georges, mon parrain ; il est très heureux qu'une famille puissante le protège.

— Tant mieux, mille fois tant mieux, car j'aurai le plaisir de voir arriver le plus généreux des hommes à une position digne de lui.

— En attendant, il compromet votre avenir, et c'est ce qui afflige vos amis. Qu'avez-vous fait depuis six mois dans vos études? Rien, absolument rien. Mon père le sait; le bon M. Duchemin, votre professeur de philosophie, et M. Delarue, votre professeur d'histoire, le lui ont dit; peut-être l'a-t-on déjà écrit à votre père. Alors, que deviendrez-vous? Comment espérez-vous (et ici une vive rougeur couvrit ses joues), comment espérez-vous vous faire un état et vous marier? Quel père serait assez insensé pour vous confier le bonheur de sa fille?

Henri se cacha la figure dans ses mains, et la généreuse fille continua :

— Lors de son dernier voyage à Caen, votre père est venu voir le mien. J'ai assisté à leur entretien. M. de Nollent, le même jour, avait vu vos professeurs, qui lui avaient fait votre éloge. Ce bon père! comme il était heureux, comme il était fier de son fils! Il disait qu'aucun sacrifice ne lui coûterait pour vous ; il se félicitait de la bonne direction que vous aviez prise dans votre conduite et dans vos études, malgré les exemples contraires que vous donnaient plusieurs de vos camarades ; il retrouvait en vous les traits et quelques unes des bonnes qualités de votre mère. Ah ! c'est mal à vous, Henri, de détruire tant d'espérances et d'affliger un si bon père.

Il se fit ici un instant de silence.

— Vous trouvez sans doute que je suis bien jeune pour vous parler ainsi. Vous avez peut-être raison ; mais il y a déjà long-temps que j'ai perdu ma mère, et cela vieillit vite.

En ce moment, une larme tomba de ses yeux, et glissa silencieusement sur sa joue.

— Adieu, Henri, pensez à ce que je viens de vous dire ; l'amitié me l'a inspiré.

Elle lui tendit la main. Henri la saisit, la pressa dans les siennes, et sortit par la porte de l'allée pour éviter M. Dubourg qui rentrait par le magasin.

CHAPITRE TROISIÈME.

> Comme on voit osciller les ondes inconstantes de l'Océan, ainsi va le flux et reflux des sentimens humains. Qui donc se fierait à ce cœur toujours embrasé par des passions orageuses ?
>
> BYRON, *Miscellanées.*

> Le grand et le petit, le souverain et le sujet, le soldat et l'ecclésiastique, le courtisan et le moine se trouvent aux prises avec ce vice.
>
> (*Pensées diverses* du comte d'OXENSTIERN.)

Le même jour, une autre scène se passait dans la rue de l'Oratoire, qui reçut son nom de l'établissement de l'oratoire fondé par Gaspard de Répichon, et depuis supprimé par la révolution.

Au second étage d'une maison nouvellement

bâtie, et dans une chambre éclairée sur la rue par deux croisées chargées de pots de jasmin et de réséda, demeurait une couturière, qui se faisait appeler mademoiselle Eugénie Salmon. Elle était grande, bien faite et toujours vêtue avec une certaine élégance; un grand œil noir, de beaux cheveux de la même couleur, une main et un pied bien faits, provoquaient les regards des connaisseurs.

Ils critiquaient pourtant des lèvres un peu grosses, bien qu'elles recouvrissent des dents d'une blancheur éclatante. Les manières de mademoiselle Salmon, il faut tout dire, étaient assez communes; les bonnes langues du quartier, il n'en manquait pas dès cette époque dans la rue de l'Oratoire, ne trouvant pas dans le travail de notre couturière une explication suffisante des dépenses qu'elle faisait, étaient bien forcées de supposer à mademoiselle Salmon des ressources extraordinaires. Ainsi, on prétendait que sa porte s'ouvrait quelquefois à des officiers du régiment d'Artois; on disait encore tout bas que, deux ou trois fois par semaine, un grand homme, enveloppé dans un large manteau et la tête couverte d'un chapeau rabattu, venait frapper un petit coup à la porte de mademoiselle Salmon, qui s'empressait d'ouvrir.

Comme on n'avait jamais pu voir les traits du visiteur mystérieux, les voisins en étaient réduits aux conjectures, aux suppositions, et Dieu sait toutes celles qu'on faisait.

Les plus charitables disaient que c'était un amant, et peut-être un mari qui avait intérêt à se tenir caché; d'autres allaient jusqu'à faire honneur à l'esprit malin des bonnes grâces de mademoiselle Salmon. Quant à elle, douée d'un caractère léger, insouciant, avide de plaisir, elle laissait la rivière couler, et ne pensait qu'à jouir du présent, sans s'inquiéter de l'avenir.

Ce jour donc, le léger coup de marteau se fit entendre. La porte s'ouvrit, et puis se referma. La personne nouvellement introduite jeta son manteau sur le lit, et laissa voir.... le sous-prieur des Cordeliers. Eugénie se leva avec vivacité, et sauta au cou du nouvel arrivant.

— Mon cher Georges, que j'avais envie de te voir! Tu me parais grandi d'un demi-pied.

— Folle! et pourquoi cela?

— N'ai-je pas appris ce matin la bonne leçon que tu as donnée hier au vicomte de Lormoi? J'aurais bien voulu être présente, et le voir étendu tout de son long dans la prairie; on dit qu'il bâillait comme une carpe pâmée.

— Oui; mais si cet événement allait me faire changer de couvent?

— Bah!

— N'ai-je pas reçu ce matin une mercuriale du prieur?

— Tu me fais peur.

— Je l'ai écoutée avec un flegme que tu aurais admiré, et puis j'ai fait valoir l'impossibilité d'abandonner Henri de Nollent, le fils de mon vieil ami, à la violence de deux officiers armés d'une épée; j'ai invoqué le cas de légitime défense. Bref, j'ai si bien parlé, que notre prieur est allé arranger l'affaire avec le recteur et le colonel du régiment.

— Les braves gens!

— Au reste, je n'étais pas très inquiet. On nous punit quand nous manquons d'insubordination et pour des fautes envers nos supérieurs ; mais quand nous sommes en évidence, et qu'une collision a lieu entre un moine et des laïques, l'esprit de corps est là, prêt à nous couvrir de sa puissante protection. D'ailleurs, les Cordeliers sont les chapelains de l'Université ; c'était un écolier que je défendais, l'intervention du recteur était donc d'obligation, et elle ne s'est pas fait attendre. Aussi, me voilà blanc comme neige.

— Oui, sans doute, dit l'impétueuse fille, et mon amant est le plus beau, le plus brave, le plus aimé....

— Et le plus trompé, dit le Cordelier en lui prenant la main.

— Laisse-moi, car j'ai encore une question à te faire. D'où vient donc cette amitié si vive que tu as pour Henri de Nollent?

— Je l'aime comme un frère, car son père a été pour moi le meilleur des amis, et je n'aurais que des bénédictions à lui donner si ses instances indiscrètes ne m'avaient engagé, moi, jeune homme sans expérience et dans un âge étranger aux passions, à prendre un habit qui n'était pas fait pour moi. C'était l'ordre de mes parents, m'a-t-il dit; parens que je n'ai jamais connus.

— Pauvre Georges! te voilà triste à présent. Reprends courage. Console-toi avec l'ambition. On dit que tu as de puissans protecteurs. C'est assez pour arriver à tout.

Et la folle personne se mit à genoux devant lui en disant : Monseigneur, n'oubliez pas votre indigne servante.

C'est ainsi qu'elle cherchait à étourdir par mille propos légers les soucis d'un amant que sa foi bourrelait de remords, alors que ses passions lui fermaient les portes du devoir.

La suite de la conversation ne nous est pas parvenue.

CHAPITRE QUATRIEME.

> Maintenant que celui dont la main, le regard,
> Sait mieux d'un trait léger diriger la vitesse,
> Vienne au combat de l'arc signaler son adresse.
>
> DELILLE.

Le dimanche suivant, on s'exerçait à Caen au jeu du papeguay. Ce jeu consistait à abattre avec une flèche un oiseau de bois peint placé au haut d'un mât très élevé. Pour être admis à concourir, il fallait nécessairement faire partie de la compagnie du papeguay. Cette compagnie se recrutait parmi les seuls bourgeois de la ville de Caen. Elle était commandée par un capitaine et des officiers qui étaient élus à la majorité des voix. Les bourgeois qui en faisaient partie, étaient autorisés à s'exercer au tir de l'arc, de l'arbalète, et même de l'arquebuse. Cet exercice aguérissait les bourgeois, les rendait adroits dans le maniement des armes et les obligeait de tenir leurs armes en bon état.

L'objet principal de cette institution très ancienne, et dont il est difficile d'assigner l'époque, était de veiller à la garde et à la défense de la ville. Il est présumable qu'elle eut pour origine, ainsi que beaucoup d'autres des temps reculés, la nécessité de s'unir contre la tyrannie des nobles et des gens de guerre. Seulement, pour ne point offenser leur susceptibilité, on avait déguisé sous le nom de jeux ce qui dans le fond était une mesure de conservation et de défense.

Il n'est pas hors de propos de faire remarquer ici combien cette institution avait de rapport avec la garde nationale de nos jours.

Le jeu du papeguay avait lieu sur un terrain placé hors des murs de la ville, en face de la porte des Prés. Il est occupé aujourd'hui par la promenade qui règne le long des murs du jardin de l'hôtel de la préfecture.

Toute la compagnie du papeguay s'y trouvait réunie. Il faisait un temps superbe. Le soleil du mois de juin brillait dans toute sa splendeur. De tous côtés une nombreuse population se pressait autour des acteurs des jeux. On y voyait tous les parens et amis des bourgeois qui devaient concourir, un grand nombre d'écoliers de l'Université, mêlés avec les officiers et les soldats du régiment d'Artois, tous également conduits à ce spectacle par la curiosité.

Henri de Nollent s'y trouvait aussi confondu dans la foule. Il tenait sous le bras Samuel Guérard, le plus pacifique de ses amis. Soit qu'il fût bien inspiré par ce bon voisinage, soit qu'il eût encore présens à la mémoire les tendres avertissemens de Marianne, jamais il n'avait eu l'humeur moins querelleuse. Ne pouvant prendre part à ces jeux, puisqu'il n'était ni compagnon du papeguay ni même bourgeois de Caen, il écoutait en souriant les plaisanteries de son ami sur les concurrens.

— Regarde donc ce gros homme, lui disait Samuel; sous cet enharnachement presque militaire, reconnaîtrais-tu mon honnête marchand de drap. Il s'apprête à tirer. Ah! mon Dieu! l'arme innocente tremble dans sa main. Courage, bon Simon! à vous le prix et l'exemption de tous droits, aides, tailles et subsides pendant l'année.

Telle était en effet la récompense qui l'attendait s'il eût remporté le prix; mais le succès ne répondit point au vœu charitable de Samuel.

Un brave apothicaire succéda, et nous n'avons pas besoin de rapporter la burlesque comparaison que fit Samuel de l'arme qu'il dirigeait d'une main peu assurée.

Enfin vint le tour d'un jeune homme leste et bien découplé qui appartenait au corps des tailleurs. Il examina avec soin l'arbalète, s'aperçut que la corde commençait à s'user. Il demanda et obtint la permission d'y substituer une corde neuve qu'il avait apportée avec lui. Une fois que l'échange fut fait, il s'affermit sur ses pieds, tendit l'arbalète et y plaça la flèche. Ensuite il fit porter tout le poids de son corps sur sa jambe droite, se renversa un peu en arrière en assujétissant fortement l'arbalète contre son épaule, visa un instant, puis fit partir la flèche sans que le plus petit mouvement vînt déranger l'arbalète. Le trait vola en sifflant et alla percer le poteau à quelques lignes du papeguay qui tourna sur lui-même.

L'adresse de ce jeune homme excita de grands applaudissemens dans l'assemblée et même de la part de Samuel Guérard.

Un des soldats d'Artois, qui se trouvait au premier rang, et avait observé avec une grande attention, dit tout haut qu'il en ferait bien autant. Aussitôt s'avançant, il arracha brutalement l'arme des mains du jeune tailleur. Celui-ci se récria fortement contre cette violation des priviléges du papeguay, et voulut ressaisir l'arme. Pendant leurs efforts mutuels, l'arbalète qui avait été réarmée partit de nouveau.

Le trait effleura le cou d'une jeune fille qu'il teignit de sang, et alla se ficher en terre à quelques pas derrière elle.

Cet acte de violence, qui avait failli être suivi d'un si grand malheur, excita l'indignation de tous les assistans. En un instant le soldat fut terrassé. Les compagnons du papeguay s'en saisirent pour le remettre à la justice civile.

Plusieurs officiers d'Artois qui étaient présens, tout en reconnaissant que le soldat avait mérité d'être puni, prétendirent qu'il devait être jugé par l'autorité militaire et en exigèrent la remise.

Ils commandèrent en même temps aux soldats qui étaient auprès d'eux de s'en emparer. Il en résulta un conflit entre les bourgeois qui voulaient retenir leur prisonnier et les soldats qui cherchaient à le saisir.

Les bourgeois, pris au dépourvu, auraient probablement eu le dessous, quand Henri de Nollent et les autres écoliers de l'Université, que la blessure de la jeune fille avait vivement touchés, jugèrent à propos de se mêler de la partie. En un moment la scène changea; les officiers et les soldats furent désarmés et chassés de l'enceinte des jeux du papeguay, et le soldat, entouré d'une force imposante, fut conduit à la prison du bailliage qui était alors dans la rue de Geôle.

Les jeux du papeguay furent interrompus, la foule s'écoula en tumulte, et toute la ville fut instruite dès le jour même du nouveau conflit qui avait eu lieu entre le régiment d'Artois et les écoliers. La conduite du soldat fut unanimement blâmée, mais les opinions furent partagées sur la juridiction à laquelle il appartenait. Les attributions de la justice civile et de la justice militaire n'étaient pas à cette époque aussi nettement définies qu'elles le sont aujourd'hui, et on ne manqua pas d'invoquer de part et d'autre l'autorité des plus célèbres auteurs de jurisprudence criminelle, sans pouvoir parvenir à s'entendre, comme cela arrive toujours en pareille circonstance. Ces divisions donnèrent lieu à de vives polémiques. Malheureusement elles entretinrent parmi les écoliers une irritation qu'il aurait fallu apaiser à tout prix.

Henri de Nollent fut encore cité en cette circonstance comme l'un des écoliers de l'Université qui avaient montré le plus d'audace et d'acharnement contre les soldats d'Artois. Les préventions de M. Dubourg contre lui acquirent de nouvelles forces, et Marianne réfléchit tristement sur la difficulté de contenir dans de justes bornes une tête si ardente.

CHAPITRE CINQUIÈME.

> Jusque dans son apparence extérieure, la France offrait alors un tableau plus pittoresque et plus national qu'elle ne le présente aujourd'hui.
>
> *(Analyse de l'histoire de France,* par Chateaubriand.)

Nous avons fait connaître les principaux personnages du drame que nous nous sommes proposé de retracer. Il est nécessaire de dire un mot des institutions et des hommes qui à cette époque existaient dans notre ville de Caen.

Elle était déjà, comme elle est encore aujourd'hui, la seconde ville de la belle et riche province de Normandie. Son antiquité est incontestable, car les opinions les plus modérées, et qui d'ailleurs sont appuyées sur des auteurs du moyen âge, font remonter sa fondation au cinquième siècle de notre ère par une colonie saxonne. Elle fut, dans la seconde moitié du onzième siècle, l'objet de la prédilection particulière de Guillaume-le-Conquérant, qui l'enrichit de magnifiques constructions.

Caen eut long-temps une assez grande importance comme ville de guerre. Sa situation entre deux belles prairies coupées par des rivières qui y faisaient plusieurs circuits, rendait cette ville facile à défendre avant la formidable invention de l'artillerie. Les ducs de Normandie s'étaient empressés de la fortifier pour y trouver un point d'appui, et, au besoin, un refuge lors des fréquentes invasions des Anglais. Aussi son histoire offre une succession presque continuelle de combats.

L'esprit guerrier des anciens habitans s'étai

toujours conservé chez leurs descendans. Dans la province de Normandie, la bravoure et la turbulence des Caennais étaient proverbiales, ainsi que leur adresse dans tous les exercices du corps, et principalement dans le maniement des armes.

Cette disposition des habitans avait été de tout temps entretenue par la présence à Caen d'une foule d'écoliers que son Université, renommée à l'égal de l'Université de Paris et des plus illustres Universités d'Allemagne, y attirait tous les ans de toutes les parties de la France. C'est à un roi d'Angleterre (Henri VI) que notre ville a été redevable de cette belle institution, source pour elle de gloire et de prospérité; aussi quand elle fut débarrassée du joug anglais, elle put dire à ce roi et à ses successeurs : C'est bien, mais n'y revenez plus.

En instituant l'Université, les rois d'Angleterre lui avaient accordé plusieurs priviléges qui furent maintenus avec soin contre les tentatives d'envahissement que se permettaient de temps à autre les autorités ecclésiastique et civile. Elle avait son tribunal spécial composé du recteur, du syndic général et des doyens des quatre facultés, qui exerçait sa juridiction sur les professeurs, les docteurs et les écoliers. Elle conférait aux seigneurs qu'elle honorait des places de massiers et porte-clefs du recteur le droit de *committimus*, c'est-à-dire, de faire plaider leurs procès devant les tribunaux de Caen. Elle exemptait les écoliers de la milice, et elle jouissait de beaucoup d'autres prérogatives qui n'existent plus que dans la mémoire de quelques vieillards de nos jours.

Indépendamment de sa force morale, qui était immense par son antiquité, son illustration et les services qu'elle rendait aux familles qui lui devaient l'instruction et le bonheur de leurs enfans, elle avait une force matérielle qui n'était pas à dédaigner. Cette force consistait dans la réunion compacte de trois mille cinq cents élèves animés d'un même esprit, obéissant aux mêmes chefs, et soutenus eux-mêmes par des familles nombreuses, toujours prêtes à défendre les priviléges de l'Université qu'elles considéraient comme une propriété nationale. Toutes ces circonstances expliquent les ménagemens dont le gouvernement avait toujours usé envers l'Université, les égards qu'il avait pour ses remontrances, et les honneurs extraordinaires qu'il accordait au recteur.

Nous ferons encore observer que les cordeliers jouissaient d'une faveur particulière auprès de l'Université dont ils étaient les chapelains, et que c'est dans leur couvent, dont l'emplacement est occupé aujourd'hui par des religieuses de l'ordre de Saint-Benoît, que se faisait l'élection du recteur.

A l'époque dont nous parlons, cette belle institution n'avait jamais été plus florissante. Elle comptait parmi ses professeurs des hommes d'un rare mérite, tels que Joseph Chibourg, professeur de clinique interne, dont la chaire venait d'être créée; Bellanger, professeur de rhétorique; Lecanu, professeur de mathématiques; Delarue, professeur d'histoire, et Duchemin, professeur de philosophie, qui unissait à de profondes études et à de vastes connaissances beaucoup de simplicité et de candeur.

Le lieutenant-général au bailliage et siége présidial de Caen était l'abbé de Canchy, conseiller au parlement de Rouen, homme fier, entêté, gourmand, dont le frère était lieutenant de roi, major du château de Caen.

Il y avait encore à Caen un personnage beaucoup plus estimé, c'était M. Radulfe, lieutenant de police. Tous ses contemporains, du moins ceux en petit nombre que nous avons pu consulter, s'accordent à le représenter comme un homme d'une grande habileté pour saisir la piste d'un crime ou d'un délit, et par cela même fort redouté ; mais on lui reprochait trop de dureté dans ses investigations.

Les autres personnes marquantes de Caen, ou, comme on les appelait dans le langage du temps, les gros bonnets de la ville, se feront connaître dans la suite de cette histoire.

CHAPITRE SIXIÈME.

> Elles étaient belles et riches de poésie, ces fêtes antiques des peuples où tout, jusqu'au plaisir, était patriotique et religieux.
>
> (*Le Livre des Peuples et des Rois*, par Ch. Sainte-Foi.)

> Enthousiastes du bien et du mal.
>
> (Caractère du Français, *Génie du Christianisme*, par Chateaubriand.)

Depuis le conflit qui avait eu lieu entre dom Georges et les deux officiers du régiment d'Artois (l'un était le vicomte de Lormoi que nous avons déjà nommé, l'autre le chevalier de Lavarde), une inimitié sourde, prête à éclater, régnait entre les officiers et les écoliers. L'autorité prenait les plus grandes précautions pour éviter de nouvelles collisions, mais elle ne réussissait guère à comprimer l'élan d'une jeunesse fougueuse.

De son côté le colonel n'épargnait ni les exhortations, ni les prières, ni les menaces auprès de ses officiers pour les contenir dans les bornes d'une sage patience. L'orage grondait, mais n'éclatait pas; seulement on remarquait que les écoliers se rendaient dans les salles d'armes avec un redoublement de zèle. La plus en vogue, celle où Labassée donnait ses leçons et qui était située dans le champ de foire, ne désemplissait pas.

Le conflit qui eut lieu au jeu du papeguay donna un nouvel aliment à l'irritation qui couvait sourdement.

Heureusement un événement prévu depuis plusieurs mois, la naissance du duc de Normandie, vint sinon détruire le germe des hostilités, au moins les ajourner, en donnant aux dées qui fermentaient dans toutes les têtes une direction plus pacifique.

On se souvient encore de l'idolâtrie que la France, et principalement la province de Normandie, avait pour les princes du sang de Bourbon. La ville de Caen se signala dans cette circonstance par un enthousiasme extraordinaire. Des illuminations et des réjouissances publiques furent ordonnées. Le peuple se livra au plaisir avec une espèce de fureur ; des danses s'organisèrent sur toutes les places publiques ; des groupes d'enfans parcoururent les rues de la ville en chantant des cantiques et en portant ces jolies lanternes de carton colorié, que de notre temps on promenait encore dans les rues de Caen, la veille de Noël, pour saluer la venue du Messie ; les riches seigneurs de la ville laissèrent couler des barriques de vin devant la porte de leurs hôtels. Les officiers et les soldats du régiment d'Artois coururent dans toute la ville pendant cette belle journée, pêle-mêle avec les écoliers, sans que la plus légère querelle vînt attrister la joie publique.

Le lendemain de ce beau jour, l'Université se rendit processionnellement de l'église des

Cordeliers à l'église Saint-Pierre (*b*) pour y chanter un *Te Deum* en actions de grâces. Nous croyons devoir retracer ici l'ordre et la pompe de cette cérémonie, pour que les hommes de notre âge apprennent avec quel art admirable nos bons aïeux savaient conquérir le respect des populations en frappant leur imagination (*c*).

A un signal donné, on vit paraître et s'écouler lentement de l'enceinte des Cordeliers tous les corps de métiers, précédés du prieur juge-consul et des deux consuls.

Toutes ces corporations, revêtues de leurs plus beaux habits de fête, et portant à leur main ou à leur boutonnière un gros bouquet de fleurs de la saison, étaient précédées de leur bannière.

D'abord paraissaient les bouchers qui, en mémoire de l'apôtre saint Jean, avaient sur leur bannière une tête de mouton.

Puis venaient les apothicaires et droguistes arborant un mortier avec son pilon.

La bannière des épiciers, corporation riche

et puissante, qui avait de fréquentes relations avec les deux Indes, présentait à l'œil deux balances.

Les drapiers et merciers avaient figuré sur leur bannière une navette.

Les banquiers avaient pour insigne une petite boutique en forme de parallélogramme, aux quatre coins de laquelle pendait une pièce d'argent.

Sur la bannière des serruriers on voyait deux clefs en sautoir.

Suivaient enfin les boulangers, tisserands, tonneliers, etc., tous représentés du mieux possible par leurs attributs symboliques.

Après les corps de métiers venaient les couvens attachés à l'Université, et qui étaient :

Les bénédictins en robe noire avec un capuce de même couleur qui leur couvrait la tête ;

Les carmes vêtus de noir et de blanc ;

Les jacobins dont le vêtement était entièrement blanc ;

Et les cordeliers, chapelains de l'Université, entièrement vêtus de noir et ayant les reins ceints d'une corde. A côté du prieur, marchait dom Georges, le sous-prieur, dont la présence causait une certaine sensation, car on avait généralement cru qu'il serait tenu en charte privée pendant quelques mois, à cause de sa querelle avec les deux officiers du régiment d'Artois.

Paraissait ensuite le syndic général de l'Université, avec les quatre doyens et les professeurs.

Ils ne précédaient que de quelques pas le recteur, revêtu du costume des rois d'Angleterre à leur couronnement, ayant à sa droite le maréchal duc d'Harcourt, gouverneur de la province de Normandie, et à sa gauche monseigneur de Cheylus, évêque de Bayeux, et entouré de quatre massiers, chefs des plus illustres familles de Caen.

Le cortége était terminé par les nombreux écoliers de l'Université qui se pressaient comme un essaim autour du recteur et de leurs professeurs.

La procession parcourut lentement les rues

Froide-Rue, Notre-Dame et Saint-Pierre. Comme elle arrivait sous le portail de l'église Saint-Pierre, deux officiers du régiment d'Artois étaient adossés contre un des piliers. Ils se rangèrent pour laisser passer la procession. La robe de dom Georges effleura l'un d'eux. Dom Georges se retourna et rencontra l'œil fixe du vicomte de Lormoi. Ce dernier lui montra silencieusement le bras qu'il avait encore en écharpe, en lui lançant un de ces regards indéfinissables que le serpent doit fixer sur la victime qu'il va dévorer. Le fier dom Georges haussa les épaules avec dédain, et continua sa marche sans qu'aucune émotion parût sur son visage.

CHAPITRE SEPTIÈME.

> O joyeuse saison où l'esprit ose tout hardiment, sauf le mensonge; où la pensée s'échappe avant la parole et brille dans un œil paisible !
>
> BYRON, *Miscellanées.*

La procession venait de finir. Le soleil était couché, et tous les écoliers regagnaient leurs domiciles pour prendre le repas du soir qui avait ordinairement lieu à huit heures. On sait qu'autrefois nos bons aïeux aimaient assez volontiers à prolonger le souper, pour lequel ils réservaient toute leur gaîté. On était arrivé au terme de la journée ; conseillers, avocats, notaires, banquiers, négocians, tous avaient fini le travail du jour, et rentrés dans l'intérieur de leurs familles, oubliant le tracas des affaires, ne pensaient plus qu'à se livrer à la douce récréation qui précédait l'instant du repos. C'était aussi pour les écoliers le repas préféré. La chair était plus délicate ; c'était toujours le soir qu'on servait le rôti et la salade ; c'était pour le souper qu'on mettait en réserve la bouteille de gros cidre, car on ne connaissait l'usage du vin que dans les grandes solennités ; et si quelques chansons guillerettes venaient dérider les visages des convives, c'était encore le soir, alors qu'on ne craignait pas de laisser passer l'heure des classes et d'encourir une sévère admonition de la part des professeurs.

Ce jour-là donc, plusieurs écoliers se trouvaient à souper dans une vaste salle à manger, située au rez-de-chaussée de l'hôtel du Cheval-Blanc, rue du collége Dumont. Au milieu d'eux était Henri de Nollent ; il jouissait parmi ses camarades de l'influence que donnent une bourse bien garnie, beaucoup de générosité, et surtout une supériorité marquée dans tous les exercices du corps.

En attendant le souper, les élèves s'étaient disséminés par groupes dans la salle. Les uns discutaient le mérite de M. Bellanger, professeur de rhétorique au collége des Arts, et de M. Tirard-Deslonchamps, professeur de rhétorique au collége Dumont; d'autres, qui avaient trouvé dans un coin de la salle des fleurets et des gants, jouaient à la mouche, et chaque botte portée avec adresse et vigueur, en forçant l'un des adversaires à quitter la place, était accueillie avec de vives acclamations. Les moins turbulens s'entretenaient de la solennité du jour et des personnes qu'ils y avaient vu figurer. Cette conversation rendue plus intéressante par la présence de Henri de Nollent, ne fut point interrompue par le service du souper. Chacun prit place; et, après quelques momens donnés à satisfaire le premier appétit, la conversation fut reprise ainsi qu'il suit :

Samuel Guérard. — Ainsi donc, messieurs, vous avez remarqué parmi les élèves en médecine une affectation de supériorité qui allait presque jusqu'à l'insolence. Cela ne se conçoit pas. Ces messieurs sont plus habitués à manier la lancette que le fleuret, et ils connaissent si bien toutes les conséquences d'un coup d'épée, qu'il est très rare qu'ils s'y exposent.

Deuxième écolier. — Ce n'est pas cela. Il y a de rudes jouteurs parmi eux comme parmi nous; mais vous ne voyez donc pas qu'ils étaient tout gonflés de voir un de leurs professeurs arrivé au rectorat, et prenant le pas à la procession d'hier sur le gouverneur de Normandie et l'évêque de Bayeux. Chacun d'eux, devançant les années, se figurait déjà être à sa place.

Troisième écolier. — Savez-vous, messieurs, que c'est un grand honneur pour l'Université de Caen de voir M. Chibourg, un simple professeur, placé au-dessus d'un maréchal de France et d'un évêque de Bayeux.

Henri de Nollent. — Je ne vois là rien d'étonnant; c'est le privilége du recteur. D'ailleurs, vous ne considérez que le fait, sans remonter à la cause ; vous ne pensez qu'à l'homme, sans songer à l'autorité dont il est un vivant symbole. Ce n'est pas M. Chibourg qu'il faut voir, c'est l'Université personnifiée en lui.

Deuxième écolier. — Au fait, Henri a raison, et notre belle Université est assez haut placée pour que tous les ducs et tous les évêques du monde cèdent le pas à son recteur. Mais, laissons cela ; j'ai à vous consulter sur une chose fort importante, ma thèse de philosophie que je dois soutenir dans un mois. J'ai pour président M. Adam ; il sait que j'ai sucé les principes de M. Gadbled, son antagoniste, sur les idées innées qui ont été l'objet de leurs perpétuelles discussions. Comment ferai-je pour résister à un vieux pédant, hérissé de grec et de latin, qui m'écrasera sous le poids de son érudition ?

Henri. — Tu lui résisteras avec le bon sens. Cette arme en vaut bien une autre.

Deuxième écolier. — J'admire ton assurance. Eh bien ! j'ai envie de te présenter quelques uns des argumens favoris de M. Adam en faveur des idées innées; voyons comment tu y répondrais. Je suis M. Adam et tu es le candidat. Respect et attention.

Tous les écoliers en riant. — Et nous, nous sommes l'auditoire.

Deuxième écolier, nasillant. — Vous dites donc, mon petit monsieur, que toutes nos idées viennent des sens; c'est-à-dire, en d'autres termes, que l'âme reçoit des sens l'intelligence ou la faculté de penser, ou, si l'on veut encore, sa manière d'exister. C'est faire bien déchoir l'âme du haut rang qu'elle occupe, c'est en quelque sorte la subordonner à la matière. N'est-il pas plus naturel de croire que l'âme a été créée avec toutes ses idées, et que la faculté de penser, cette faculté qui s'étend et se divise à l'infini, a été donnée à l'homme en même temps que la vie? Autrement, il faudrait supposer que l'âme immortelle est susceptible d'être modifiée par l'action de la matière, ce qui ne peut raisonnablement être admis.

Henri de Nollent. — Voilà un argument serré, mais il ne me convaincra point. J'aime bien mieux penser avec Aristote que toutes nos idées viennent originairement des sens; qu'un aveugle-né ne peut avoir la perception des couleurs, non plus qu'un sourd la notion de la voix. Est-ce là matérialiser l'âme? non. L'âme est la faculté de penser, c'est-à-dire, de juger, de peser, de comparer tous les objets que les sens mettent en rapport avec elle; mais sans les sens, rien ne parle à l'âme, rien ne lui arrive.

Ce principe posé, voyez comme les conséquences en dérivent.

Selon que les sens seront plus ou moins parfaits, les jugemens de l'âme seront plus ou moins vrais. Et pourquoi? c'est que les sens lui auront présenté les objets avec plus ou moins de netteté et de rectitude. De là, ces échelles graduées d'intelligence pour chaque homme; de là, l'affaiblissement dans l'intelligence, sitôt que les sens reçoivent une altération plus ou moins forte; de là, l'impossibilité à l'imagination la plus puissante ou la plus déréglée de prendre des comparaisons, de créer des monstres ailleurs que dans la nature, parce que les sens ne peuvent les prendre autre part. Ainsi, l'Arioste, Milton, les auteurs inconnus des *Mille et Une Nuits*, et tant d'autres, dans leurs plus grands écarts d'imagination, sont toujours obligés ds rouler dans ce cercle.

Loin donc que l'âme ait des idées innées, ces idées lui arrivent par les sens. *Quod erat demonstrandum* (1).

TROISIÈME ÉCOLIER. — Tu ne vois donc pas, mon cher Henri, que tu t'égares jusqu'au sensualisme, et qu'avec une thèse semblable tu pourrais bien t'aliéner tes examinateurs, dont l'un est sourd et l'autre presque aveugle.

Pendant cette dissertation abstraite, Samuel Guérard, qu'elle intéressait fort peu, s'était endormi. Un de ses voisins, scandalisé du peu d'attention qu'il prêtait aux interlocuteurs, s'avisa d'allumer par un des bouts un cornet de papier qu'il roulait entre ses doigts, et de lui souffler au nez la fumée qui s'en échappait. Le

---

(1) *Ce qu'il fallait démontrer.*

malheureux Samuel, presque suffoqué, se leva en criant et éternuant de manière à faire trembler les vitres; et tous ses camarades de rire aux éclats.

Le stupide animal! s'écria Henri de Nollent, fâché de voir la discussion interrompue.

Samuel Guérard. — Tu me dis des choses....

Henri de Nollent. — Des choses vraies. Allons, voilà maintenant que tu baisses tes grandes oreilles comme un âne à qui on vient d'ôter sa provende.

Samuel Guérard. — Morbleu, c'en est trop!

Un écolier, en riant. — Bravo! Messieurs, ne vous gênez pas. Voilà des fleurets; il n'y a qu'à faire sauter les boutons, et nous serons les juges du combat.

Un autre écolier. — Ne plaisante donc pas ainsi; tu sais que Henri a déjà une affaire d'honneur sur les bras.

Samuel Guérard. — C'est juste; mais Henri me doit une réparation, et je la lui demande.

Henri de Nollent, froidement. — Quand tu voudras.

SAMUEL. — Eh bien, le jour où tu te battras avec le vicomte de Lormoi, promets-moi de me prendre pour second.

HENRI DE NOLLENT. — En vérité, Samuel, c'est très bien, et je te le promets.

TOUS LES AUTRES ÉCOLIERS. — Et nous!

HENRI DE NOLLENT. — Je lui dois la préférence, puisque je l'avais insulté. Voyez, au reste, où peut conduire une mauvaise plaisanterie; que cela nous serve de leçon, Messieurs: plus de querelle entre nous, et unissons-nous contre l'ennemi commun, le régiment d'Artois.

TOUS LES ÉCOLIERS. — Il a raison. A bas les revers jaunes!

HENRI DE NOLLENT. — Avez-vous vu sous le portail de l'église Saint-Pierre le vicomte de Lormoi? Je l'examinais au moment même où mon cher Georges a passé auprès de lui; il y avait du tigre dans ses regards.

SAMUEL GUÉRARD. — Que peut-il lui faire? dom Georges est hors de ses atteintes.

HENRI DE NOLLENT. — Sans doute, mais la

haine a le bras long, et je ne suis pas tranquille. Dom Georges ne se tient pas toujours renfermé dans les murs de son couvent. Il use largement de sa qualité de sous-prieur pour faire de fréquentes absences, et s'il était rencontré dans quelque lieu écarté par le vicomte de Lormoi ! Samuel, tu feras bien d'aller rappeler demain à ce dernier la petite affaire que nous avons ensemble.

Samuel Guérard. — Mais son bras ?...

Henri de Nollent. — Le chirurgien qui lui a donné des soins m'a dit qu'il ne souffrait plus et que son bras était guéri.

Samuel Guérard. — Cependant il le porte toujours en écharpe.

Henri de Nollent. — Ce ne peut être pour retarder le moment de notre rencontre. On le dit brave, et je le crois. Si c'était plutôt pour inspirer à Georges une funeste sécurité ?

Samuel Guérard. — Je le verrai demain.

Henri de Nollent. — Et moi demain je ferai l'école buissonnière, attendu que j'ai reçu une invitation de dom Ribard pour assister au dîner que les riches bénédictins donnent à leur abbé, l'archevêque de Narbonne.

Un écolier. —M. de Dillon ; ah ! il est du bon numéro celui-là.

Ses rides sur son front ont gravé ses exploits.

Henri de Nollent. — Allons, messieurs, du respect pour les princes de l'Église.

Malgré la recommandation de Henri, la réflexion de l'écolier fut le signal d'une foule de bons mots et de plaisanteries dont M. de Dillon et plusieurs autres hauts dignitaires de l'Église fournirent le texte. Cette jeunesse laissait entrevoir les goûts révolutionnaires qui devaient bientôt agiter son existence. Son esprit malin n'était point étranger aux impiétés que Voltaire, le grand coryphée de l'incrédulité, masquait sous une raillerie mordante et sacrilége. Il était facile de voir qu'elle était déjà tourmentée de ce désir d'innovation, de ce malaise, de cette ardeur violente qui précèdent et annoncent les grandes crises morales, religieuses et politiques.

Il est nécessaire que notre récit s'arrête un peu, et que nous fassions connaissance avec un personnage dont nous avons eu occasion de parler plus d'une fois; mais ce sera l'objet du chapitre suivant.

CHAPITRE HUITIÈME.

> Regardez ce tableau, et encore celui-ci : ces deux portraits sont ceux de deux frères.
>
> (SHAKESPEARE, *Hamlet*, acte III, scène 4.)

Le vicomte de Lormoi était d'une ancienne famille de Picardie, dont l'illustration se perdait dans la nuit des temps. Son père ayant trouvé que ses ancêtres avaient assez fait pour la gloire de sa famille, ne jugea pas à propos d'y ajouter un nouveau lustre. Il se retira dans une fort belle terre qu'il avait près de Beauvais, où il résolut de vivre loin de la cour.

Il aurait préféré ne pas se marier; mais, comme presque tous les gentilshommes de cette époque, il était infatué de son nom et de sa noblesse, et se fit un point d'honneur de ne pas laisser éteindre l'un et l'autre dans sa personne. Il épousa donc la fille d'un de ses voisins qui lui apporta principalement en dot une noblesse égale à la sienne. Son beau-père ne manqua pas, la veille de la célébration du mariage, de lui justifier, titres en main, que son grand-père avait monté dans les carrosses de Louis XIV.

Deux enfans furent le fruit de leur union. L'aîné, gros garçon, réjoui, insouciant, gâté par tout ce qui l'entourait, se fit une douce habitude du commandement. Son jeune frère fut contraint de bonne heure à plier sous la volonté d'un aîné dont on lui disait, à tout moment, que son avenir dépendrait. Si quelquefois il se révoltait contre cette fatale tyrannie, le pédagogue, chargé de leur éducation, ne manquait pas de lui infliger une rude correction pour lui apprendre à respecter les droits d'aînesse.

Il en résulta, dans la suite des temps, que le cadet sentit de jour en jour augmenter son aversion pour un aîné qui lui enlevait les soins et l'affection de ses parens, et qui plus tard devait succéder à la presque totalité de leur fortune. En même temps il vit de bonne heure, pour échapper aux châtimens, la nécessité de couvrir son visage d'un masque impénétrable. Il apprit ainsi à être maître de lui-même ; devint froid, dissimulé, et cacha avec d'autant plus de soin la haine qui fermentait dans son cœur, qu'à chaque instant elle menaçait de faire explosion.

Plusieurs années s'écoulèrent dans ces dispositions. Enfin un jour que les deux fils de M. de Lormoi étaient allés à la chasse chez un de leurs voisins, on rapporta le soir au château l'aîné frappé d'un coup de feu qui lui avait enlevé une partie de la tête. On dit alors que ce jeune homme, par une imprudence assez commune à la chasse, en passant un fossé, s'était appuyé sur la crosse de son fusil dont il tenait le canon dans sa main; que le coup était parti et lui avait donné la mort.

On parla avec attendrissement de la douleur excessive qu'avait manifestée son jeune frère qui, se trouvant derrière lui, l'avait reçu dans ses bras. Seulement le chirurgien, qui examina la plaie, remarqua que le coup avait porté derrière l'oreille droite. Après plusieurs conjectures sur la position de de Lormoi l'aîné, au moment de l'explosion, on ne put s'en rendre compte qu'en supposant qu'alors ce jeune homme, tenant son fusil de la main droite, avait la tête tournée du côté opposé pour adresser la parole à son frère qui marchait derrière lui. Cette explication parut naturelle; elle fut d'ailleurs confirmée par le cadet, quand sa vive douleur lui permit d'entrer dans quelques détails sur ce funeste accident.

Madame de Lormoi seule ne parut point satisfaite de l'explication. Son jeune fils prit alors le titre de vicomte de Lormoi qu'avait porté son frère. Il devint de la part de sa mère l'objet d'une répugnance qu'elle pouvait à peine dissimuler. Souvent elle fixait sur lui ses yeux pleins de larmes, et cherchait à lire au fond de son cœur un affreux secret qu'elle n'osait révéler. Cette tenacité déconcertait le vicomte de Lormoi, malgré son calme habituel.

Il demanda à son père la permission de solliciter une sous-lieutenance dans le régiment d'Artois, commandé par un de leurs parens. A cette proposition, le père, qui n'avait plus que ce seul fils, jeta les hauts cris; mais, chose étonnante! madame de Lormoi appuya cette demande de toute son influence auprès de son mari et de leur parent. Bien plus, elle ne parut éprouver un peu de tranquillité que lorsque son fils eut quitté le château.

Ce dernier n'y revit qu'une seule fois sa mère; ce fut lors de sa dernière maladie, et peu de momens avant qu'elle expirât. Elle demanda à avoir un entretien secret avec son fils; on ignore quel fut le sujet de leur conversation. Quand on rentra dans la chambre, à un coup de sonnette qui se fit entendre, on trouva madame de Lormoi dans les angoisses de l'agonie, et son fils le visage couvert d'une pâleur livide.

Le vicomte retourna sur-le-champ à son régiment, et ne revint plus au château de Lormoi ; cette demeure, disait-il, lui était devenue odieuse depuis la perte qu'il y avait faite de deux êtres bien chers, son frère et sa mère ; ce n'était même qu'avec un vif déplaisir qu'il entendait prononcer leur nom. On admira sa sensibilité, et on cessa de lui en parler.

On remarqua aussi qu'il recherchait avec une espèce d'avidité des distractions de tout genre ; il paraissait continuellement obsédé par une idée pénible. Le jeu et les femmes furent les auxiliaires qu'il appela à son aide. On craignait de l'avoir pour adversaire au jeu, ou pour rival en amour ; car sa ténacité était extrême. Était-ce avidité, était-ce amour-propre, était-ce amour du plaisir ? On ne savait à quoi attribuer cette ardeur patiente avec laquelle il savait calculer toutes les chances d'un succès ; on pensait généralement qu'il était peu délicat sur les moyens, et que ses succès en amour étaient beaucoup moins dus à la sympathie qu'à la crainte qu'il inspirait.

En arrivant à Caen, il adressa ses hommages à Eugénie Salmon. Bien qu'elle fût d'une conduite plus que légère, elle était devenue l'objet de la convoitise des jeunes officiers du régiment. Par une de ces bizarreries qu'on rencontre quelquefois chez les princesses de sa sorte, elle ne se donnait jamais qu'à celui qui avait su lui plaire; elle faisait peu de cas de l'argent, et cependant recevait volontiers des présens, mais seulement de l'amant aimé, rehaussant ainsi à ses propres yeux, par cette quasi-délicatesse, ce que sa conduite avait de peu édifiant.

Le vicomte de Lormoi ne sut pas deviner ce singulier caractère, ou peut-être ne voulut-il pas s'en donner la peine; il formula ses propositions dans des termes si peu mesurés et montra une confiance si brutale, qu'il fut durement éconduit. Le malheur voulut qu'il eût proclamé d'avance devant les autres officiers son prochain triomphe. Sa mésaventure, devenue bientôt publique, n'en fut que plus pénible; ses camarades ne lui firent pas grâce des brocards consacrés à ces sortes de défaites. Quelle humiliation pour un caractère plein de vanité, étranger à toute espèce de générosité, et habitué à ne reculer devant aucun moyen pour satisfaire ses passions! Dès ce moment, une haine violente remplaça dans son cœur le goût passager qu'il avait eu pour cette fille; se venger d'elle devint son idée fixe. Selon son usage, il s'occupa d'en calculer froidement et patiemment les moyens, afin de lui préparer quelque catastrophe digne de la haine qu'il lui avait vouée.

Pour cela, il attacha des argus à ses pas, voulut connaître sa vie passée, ses habitudes présentes; il étendit partout ses investigations, sema l'argent, gagna des domestiques. C'est ainsi qu'il apprit qu'Eugénie Salmon avait eu une intrigue avec le chevalier de Lavarde qu'elle avait quittée pour le sous-prieur des Cordeliers; et, à force de soins et de recherches, il découvrit les visites que lui faisait ce dernier.

C'est dans ces entrefaites que survint la rencontre du Cours. Ainsi l'homme qui lui avait fait publiquement un sanglant affront était l'amant aimé d'Eugénie Salmon qu'il avait convoitée et dont il avait été rebuté. Sa haine se trouvait ainsi avoir un double aliment. Nous verrons qu'elle ne s'endormit pas.

CHAPITRE NEUVIÈME.

> Ma fille et mes écus ; mes écus et ma fille.
>
> *Ancienne comédie.*

Dom Georges n'avait pas oublié la conversation dans laquelle Henri lui avait avoué sur le Cours de Caen qu'il aimait Marianne. Déjà désabusé des illusions de la vie, un seul sentiment, l'amitié, l'y rattachait encore. Il avait lu dans ces deux cœurs si purs et si aimans. Le spectacle d'un attachement calme et vertueux avait été, pour cette âme flétrie et brûlée par les passions, ce qu'est pour le voyageur, qui a longtemps haleté sous les rayons d'un soleil ardent, la vue d'un beau tapis de verdure arrosé par de frais ruisseaux.

Il n'ignorait pas son influence sur l'esprit de M. Dubourg. Il résolut de s'en servir pour le décider en faveur de son ami, et profita d'une commande assez considérable de marchandises qu'il avait à lui faire pour son couvent.

En entrant dans le magasin du marchand, dom Georges fut reçu avec politesse ; mais il était facile de voir dans les manières de M. Dubourg plus de cérémonie et moins de cordialité qu'à l'ordinaire. Marianne était triste, Geneviève avait l'air préoccupé et paraissait craindre que le cordelier ne lui adressât la parole.

Dom Georges devina sans peine que la rencontre du Cours était la cause du froid accueil qu'il recevait. Il parut ne pas s'en apercevoir. Il offrit sa main au marchand qui la reçut d'un air contraint, donna à Marianne un petit coup sur la joue, et apostropha Geneviève d'un *bonjour, ma bonne,* auquel celle-ci répondit par un sourire équivoque qu'il n'eût tenu qu'à dom Georges de prendre pour une laide grimace.

Le Cordelier s'inquiéta fort peu de la réception que lui faisait le marchand; car il savait le moyen de rentrer dans ses bonnes grâces, et il l'employa sur-le-champ.

— J'ai appris, dit-il, que vous veniez de recevoir un nombreux assortiment de sucre et de café; le couvent en est complétement dépourvu, et j'arrive pour faire un choix.

Ces mots opérèrent comme un talisman sur le marchand. Il se hâta d'offrir une chaise à dom Georges. Geneviève sortit pour ne pas être témoin de ce qu'elle appelait la faiblesse de son maître.

Le marchand fit ouvrir plusieurs balles de café et de sucre. Dom Georges, tout en retournant la fève du café qu'il paraissait examiner en connaisseur, demanda à M. Dubourg s'il y avait long-temps qu'il n'avait vu Henri de Nollent. A ce nom, le rouge monta à la figure du marchand, et le cœur de la pauvre Marianne battit bien fort.

— M. Henri, répondit le marchand, se croit sans doute assez d'expérience pour voler de ses propres ailes ; car il paraît faire peu de cas de mes avis et des ordres de son père.

— Vous le jugez sévèrement, M. Dubourg.

— Sévèrement! Et cette dernière querelle sur le Cours, comment qualifier des....

Il fut interrompu par dom Georges.

— La fève de ce café me paraît d'une qualité inférieure, dit-il d'un ton aigre-doux.

— C'est pourtant du Moka tout pur.

— Dans lequel se trouve mêlée une assez grande quantité de Bourbon. Mais revenons à Henri. Vous savez, mon cher M. Dubourg, toute mon amitié pour lui; elle est, Dieu merci, assez connue, car elle m'a entraîné, dans une circonstance récente, à un acte de violence.... que je me reproche, ajouta-t-il en baissant la voix avec une humilité affectée. J'espère que vous ne serez pas plus sévère pour lui que vous ne l'êtes pour moi, et que vous lui rendrez votre bonne amitié.

— Je sais qu'il n'est pas méchant, dit M. Dubourg d'un ton radouci ; ce sont les salles d'armes qui l'ont perdu.

— En effet, je me trompais, reprit dom Georges avec un gracieux sourire ; c'est bien du Moka, et je vous prie d'en faire porter deux balles à notre couvent.

— Vous faudra-t-il également du sucre ?

— Oui, sans doute, et j'ai bien envie, pour faire l'essai de l'un et de l'autre, de venir demain vous demander à dîner.

On devine la réponse de M. Dubourg.

— C'est entendu, et je vous amènerai Henri, pour qu'il fasse sa paix avec sa cousine.

Marianne baissa les yeux ; elle respirait à peine d'attention.... de peur.

— Certainement, dit le marchand après quelque hésitation, présenté par vous... pourvu que.... à l'avenir....

— Voilà une affaire arrangée, dit dom Georges en se levant. A demain.

Il salua avec une grande aisance M. Dubourg et Marianne, et sortit.

Après son départ, Marianne respira plus facilement. Le marchand fit entendre deux ou trois hum.... hum.... qui annonçaient un reste de dépit et d'humeur. Pour Geneviève, qui était rentrée après avoir tout entendu, elle avait cent observations à faire, et se préparait à en défiler le chapelet, quand elle fut arrêtée par l'air suppliant de Marianne; elle était bonne femme au fond, et la crainte d'affliger sa jolie enfant lui fit garder le silence : elle se contenta d'apostropher en termes assez durs un jeune apprenti qui se tenait les bras croisés sur le devant du magasin ; car enfin il fallait bien qu'elle passât sa colère sur quelqu'un.

CHAPITRE DIXIÈME.

> MIRANDA.
>
> M'aimez-vous?
>
> FERDINAND.
>
> Je vous aime, vous estime, vous honore au-delà de tout ce qui dans le monde n'est pas vous.
>
> SHAKESPEARE, *La Tempête*, acte III, scène 1re.

L'horloge de l'église Saint-Pierre frappait le douzième coup de midi comme dom Georges et Henri de Nollent entraient chez M. Dubourg. Ils trouvèrent déjà réunis dans la salle à manger dom Ribard, sous-prieur de l'abbaye de Saint-Étienne, ami de dom Georges, et deux riches négocians de la ville de Caen. Il fut heureux pour Henri de rencontrer aussi nombreuse société ; sans cela, il n'eût pas échappé à quelques dures plaisanteries de M. Dubourg, et même de Geneviève. Peut-être s'y attendait-il ; car sa contenance, d'abord embarrassée, ne reprit un peu d'assurance qu'en voyant la tournure pacifique de tous les interlocuteurs.

On se mit à table, et dom Georges récita à haute voix la prière qui précédait toujours le moment du repas. Tout, chez nos bons aïeux, se rapportait à Dieu ; on le voyait présent partout, et il n'est pas besoin de faire remarquer combien cette croyance, fortement enracinée dans les esprits, venait puissamment au secours de la morale et favorisait son action.

Après quelques momens de silence, dom Georges et dom Ribard entamèrent une savante discussion d'archéologie ; M. Dubourg et les deux négocians s'entretinrent de la guerre qui paraissait imminente entre la France et l'Angleterre, et pouvait compromettre les intérêts de leur commerce ; Geneviève était occupée des détails du service; Henri et Marianne restaient seuls, et pour ainsi dire délaissés, le hasard les ayant placés l'un à côté de l'autre. Quelques mots furent d'abord échangés d'une voix basse et tremblante; puis Henri commença ainsi un entretien, pendant lequel l'obligeant dom Georges le suivit plusieurs fois des yeux avec intérêt :

— Je suis bien heureux, ma cousine, de me retrouver à table auprès de vous, et pourtant vous m'inspirez un peu de crainte.

— C'est me faire plus d'honneur que je n'en mérite, répondit Marianne d'un ton de voix un peu sec; je ne me savais pas si redoutable. Il me semble, d'ailleurs, que vous ne craignez ni amis ni ennemis.

— Des ennemis, non; surtout quand j'ai dom Georges à défendre.

— Même contre des officiers du régiment d'Artois.

— Eh bien, oui, même contre des officiers d'Artois; mais des amis que j'ai mécontentés sans le vouloir, des amis de mon père, des amis qui m'ont toujours montré tant d'intérêt, voilà ceux que je crains d'offenser et qui me trouveront disposé à reconnaître mes torts.

Marianne fut touchée de tant de douceur et de soumission. Plus le caractère fier et déterminé de Henri devait lui rendre pénibles de tels aveux, plus elle lui en savait gré. Elle poursuivit; mais, sans qu'elle s'en doutât, les inflexions de sa voix n'étaient plus les mêmes.

— Ces amis, Henri, seront toujours prêts à vous accueillir avec indulgence et à oublier un moment d'erreur, pourvu que vous leur prouviez que vous avez résolu de changer de conduite.

— Eh bien, parlez; que faut-il faire? Soyez mon guide, soyez mon ange gardien. Ah! si vous saviez combien vos moindres paroles ont d'empire sur moi!

— Renoncez à toutes ces mauvaises sociétés qui vous perdent, ne fréquentez plus tant les salles d'armes, évitez les officiers d'Artois.

— Les éviter, après ce qui s'est passé! Marianne, y pensez-vous?

— Au moins, ne les provoquez pas ; me le promettez-vous ?

Henri la regarda. Elle avait levé sur lui ses yeux, qui jusqu'alors étaient restés baissés. Qu'il y avait de pudeur, et pourtant de tendresse, dans ses regards ! Henri saisit sous la table sa main, qu'elle ne chercha point à retirer, la pressa doucement : Je vous le promets, dit-il.

Un vif sentiment de joie remplit le cœur de la jeune fille ; elle crut, grâce à la promesse de Henri, avoir éloigné de lui les dangers qu'elle redoutait. Sa jolie figure exprima tant de bonheur, que Henri, qui ne pouvait se méprendre sur le sentiment qui l'animait, se sentit pénétré tout à la fois d'amour, de reconnaissance et de respect. Ah ! dom Georges ne devait pas craindre pour sa filleule les assiduités de Henri ! Marianne, par son innocente confiance, était devenue sacrée pour lui.

Pendant ce temps, dom Ribard et dom Georges avaient entamé une savante controverse sur l'origine de la ville de Caen. Tous les anciens auteurs du moyen âge, tels que Guillaume Lebreton, Geffroy de Monmouth, Alfred de Beverley, Robert Wace, et surtout Charles de Bourqueville, sieur de Bras, étaient invoqués par l'un et l'autre avec une sûreté de mémoire et une richesse d'érudition qui prouvaient combien ces auteurs leur étaient familiers. La discussion devenait si intéressante, qu'elle avait attiré peu à peu l'attention de M. Dubourg et des deux négocians. Dom Georges prenait-il réellement à cette conversation tout l'intérêt qu'il paraissait y mettre, ou n'était-ce qu'une ruse innocente pour procurer quelques instans de bonheur à Henri et à Marianne?

Nous ne pourrions décider cette grave question; nous ferons seulement observer que, lorsque dom Georges prit congé de M. Dubourg et de Marianne pour retourner à son couvent, un léger sourire anima un instant son visage, et que Henri lui serra la main avec un redoublement d'affection.

CHAPITRE ONZIÈME.

> ..... Son corps était usé par la débauche; aussi ne s'est-il vengé qu'en lâche.
>
> WILLIAM DE COUDESLEY.

Nous prions le lecteur d'entrer avec nous dans la chambre qu'occupait le chevalier de Lavarde, dans la grande rue Saint-Jean, en face de la rue de l'Oratoire. Cette chambre était meublée avec toute la coquetterie d'une petite maîtresse et le désordre d'un officier en garnison.

Le chevalier de Lavarde était le véritable type de beaucoup de jeunes officiers de cette époque. Comme eux, il avait gagné ses épaulettes dans les salons de Paris. Sa mère lui avait appris de bonne heure que les femmes étaient de sûrs moyens d'acheminement à la fortune et aux honneurs; c'était près d'elles aussi qu'il avait cherché des succès de plus d'un genre, et il avait réussi.

Il était grand, bien fait; mais ses traits, quoique réguliers, étaient sans expression. Il parlait de tout avec facilité, mais sa conversation était comme le bruit monotone que fait entendre une cascade ou un moulin, et un réchauffé de tous les lieux communs du temps; il n'était point né méchant, mais on le trouvait facile à recevoir toutes les impressions. L'abus des plaisirs avait détruit chez lui toute espèce d'énergie et de volonté, ou plutôt les avait remplacées par une irritation et un malaise presque perpétuels, qui pouvaient le conduire, non seulement à une faute, mais même à un crime ; une des conséquences du libertinage est trop souvent la cruauté.

Le chevalier de Lavarde était entre les mains de son valet de chambre, qui le frisait et le pommadait, selon la mode du temps, quand le vicomte de Lormoi entra. Il avait encore le bras en écharpe, et cependant ne paraissait pas souffrir beaucoup.

Après les complimens d'usage, il prit sur la table le *Conte de Tanzaï et Néadarné*, de Crébillon fils, et parut vouloir lire pendant que le chevalier achevait sa toilette. Un observateur attentif aurait pu remarquer qu'il pensait à toute autre chose qu'à sa lecture. En effet, quoiqu'il eût toujours les yeux fixés sur le livre, jusqu'au départ du valet de chambre, il ne tourna point le feuillet.

Quand ils furent seuls, le chevalier s'approcha du vicomte, et, lui touchant légèrement le bras :

— Êtes-vous enfin guéri, lui dit-il ?

Le Vicomte, *ôtant son bras de l'enveloppe :*

Il y a huit jours que je ne souffre plus.

Le Chevalier. — Bah ! et je vous croyais toujours éclopé.

Le Vicomte. — Non ; mais j'avais mes raisons pour le laisser croire.

Le Chevalier. — Vous n'avez pas oublié que Henri de Nollent nous a provoqués, et qu'il le dit à qui veut l'entendre ? Il est noble.

Le Vicomte. — C'est-à-dire que son père a acheté une savonnette à vilain, ce qui donne, il est vrai, au fils le privilége de se couper la gorge avec l'un de nous. Au reste, j'avoue que j'ai peu vu ce Monsieur, et que je ne le reconnaîtrais pas.

Le Chevalier. — Cependant il faudra bien que...

Le Vicomte. — Sans doute, mais n'avons-nous pas à nous venger d'abord d'un autre ennemi ?

Il prit le Chevalier par la main, et le conduisit à la croisée :

— Cette rue en face est la rue de l'Oratoire. Là, demeure une des plus belles femmes de la ville, Eugénie Salmon. Le chevalier de Lavarde avait ses bonnes grâces. Il a un successeur, et c'est...

Le Chevalier, *rougissant et pâlissant tour à tour :*

— Un successeur ! et c'est ?...

Le Vicomte. — Un saint homme, le sous-prieur des Cordeliers qui m'a jeté dans la prairie.

Le dard acéré d'un serpent aurait causé une douleur moins vive au chevalier de Lavarde que ces mots dits avec une froide ironie.

Le Chevalier. — Eugénie Salmon ! le sous-prieur ! allons, c'est impossible.

Le Vicomte. — Il ne tient qu'à vous de vous en assurer. Deux fois par semaine, à la chute du jour, un grand homme enveloppé d'un manteau est reçu chez Eugénie. Je l'ai fait épier par un homme à moi, et je vous certifie que c'est notre ennemi. J'avais bien envie de vous souffler votre maîtresse. Entre amis ces sortes de plaisanteries sont permises ; mais un sous-prieur ! un cordelier ! Ma foi, cela m'a fait reculer : la rivalité eût été trop humiliante.

Le Chevalier. — Un sous-prieur ! Si on le savait ! Cela ne dépend pourtant que de ma volonté ; il ne tiendrait qu'à moi de le prendre sur le fait.

Le Vicomte. — Et comment ?

Le Chevalier. — Rien ne serait plus facile. J'ai encore la double clef de la chambre d'Eugénie. Elle l'avait fait faire pour moi dans des temps plus heureux.

En apprenant cette nouvelle, les yeux du vicomte brillèrent d'un éclat extraordinaire. Il se leva lentement ; un sourire singulier parut sur ses lèvres : — Adieu, mon cher chevalier ; je viendrai vous revoir ; ne perdez pas votre clef.

CHAPITRE DOUZIÈME.

> C'est le soir de la vie qui me donne une mystérieuse leçon, et l'avenir projette son ombre devant moi.
> **CAMPBELL.**

> On entend murmurer sous ces voûtes la voix du temps passé qui rappelle aux vivans ceux qui dorment dans leurs tombeaux.
> **JOANNA BAILLIE.**

A l'époque dont nous parlons, la ville de Caen, sous le rapport topographique, ne ressemblait en aucune manière à ce qu'elle est aujourd'hui. Caen est au dix-neuvième siècle une belle ville ouverte de tous côtés, ayant de magnifiques boulevards, coupée par quatre rivières d'une eau limpide, entourée de riches pâturages et de terres d'une fertilité remarquable. Rien dans son état actuel, pas même le château, depuis la démolition que la Convention nationale fit faire en 1793 du donjon qui était sa principale défense, ne donne l'idée d'une ville de guerre susceptible de quelque résistance.

Il n'en était pas ainsi à la fin du dix-huitième siècle. En consultant le plan qui en a été fait alors par Étienne, on voit qu'elle était entourée de murailles garnies de fortes tours, qui pouvaient offrir, en cas d'attaque, un abri sûr aux assiégés. Les principales de ces tours étaient le donjon, la tour au Landais, la tour au Massacre, la tour Loûrirette, la tour Chatimoine et la tour Malguéant.

Les fortifications étaient surtout destinées à défendre la ville contre les attaques fréquentes des Anglais. Elle se vengea bien au reste de leurs déprédations, en fournissant à Guillaume-le-Conquérant ces chevaliers belliqueux, qui, sous sa conduite, envahirent l'Angleterre, le 30 septembre 1066, et en consommèrent la conquête, le 14 octobre suivant, à la bataille d'Hastings, où périrent le roi Harold et soixante mille Anglais.

Cette vaste enceinte était elle-même subdivisée en quatre parties ou quartiers parfaitement distincts, ayant chacun ses fortifications particulières.

La première partie se composait du château; la deuxième comprenait les paroisses Saint-Pierre, Notre-Dame, Saint-Sauveur et Saint-Étienne; la troisième consistait dans la paroisse Saint-Jean qui renfermait la plupart des couvens et maisons religieuses de la ville; la quatrième se composait uniquement de l'abbaye et du monastère de Saint-Étienne, avec ses dépendances. Le faubourg l'Abbé et le faubourg Saint-Gille étaient hors de l'enceinte des murs de la ville.

L'abbaye de Saint-Étienne fut fondée par Guillaume-le-Conquérant qui voulut y être enterré, et qui de plus lui légua son sceptre, sa couronne et sa main de justice. Charles VII, vers le milieu du XV° siècle, la fit entourer de fortifications. Guillaume l'avait richement dotée de plusieurs terres et fiefs. Les rois de France ne se montrèrent pas moins généreux envers elle, en sorte qu'à la fin du XVIII° siècle, ses revenus s'élevaient à près de 200,000 livres, dont les deux tiers appartenaient à l'abbé titulaire, et le tiers seulement aux moines.

Il faut convenir au reste que ces moines usaient noblement de leurs richesses, par les bienfaits qu'ils répandaient autour d'eux, les travaux scientifiques auxquels ils se livraient pour mettre en ordre et conserver les documens historiques qui se rattachaient à la province de Normandie, et l'hospitalité généreuse dont ils usaient envers les illustres étrangers qui visitaient la ville de Caen. Ils avaient alors pour prieur dom Menilgrand, et pour sous-prieur dom Ribard, qui par leurs manières distinguées, l'étendue de leurs connaissances, la grâce de leur esprit et leur affabilité courtoise, étaient dignes d'être à la tête d'une communauté aussi renommée.

C'est vers cette abbaye que s'acheminait Henri de Nollent, pour se rendre à l'invitation de dom Ribard. Il était en habit de cérémonie, et avait ceint l'épée que sa naissance lui donnait le droit de porter. Il sortit par la porte de Bayeux, et suivit la grande rue du faubourg l'Abbé, jusqu'en face de la principale entrée de l'abbaye.

Au nom de dom Ribard, les portes s'ouvrirent sur-le-champ. Henri trouva ce dernier en grande conférence avec dom Menilgrand, dans la salle de la Bibliothèque. Ils étaient l'un et l'autre très préoccupés du dîner que les Bénédictins donnaient ce même jour à leur abbé l'archevêque de Narbonne; et les deux prieurs, qui tenaient à soutenir le renom de leur abbaye, apportaient à ce grave sujet une attention digne de son importance.

Heureusement pour Henri, la conférence se terminait au moment où il arrivait. En l'apercevant, dom Menilgrand vint à lui, le salua avec l'aisance d'un homme du monde, et lui adressant la parole : — Dom Ribard m'a an-

noncé, et j'ai appris avec un véritable plaisir que vous seriez aujourd'hui des nôtres. Henri lui exprima combien il avait été flatté de recevoir à son âge une invitation aussi honorable.
— Dom Ribard m'a parlé de vous; il vous aime beaucoup; et, à dater de ce jour, il ne tiendra qu'à vous de compter au moins deux amis au couvent des Bénédictins.

En achevant ces mots, il sonna, et fit venir du vin de Malaga, des verres et des petits gâteaux aux amandes. — Messieurs, nous dînerons tard, et je vous engage à user d'une précaution dont je me suis toujours bien trouvé. Ensuite, dom Ribard, que je dispense aujourd'hui des offices, vous conduira dans notre abbaye et dans nos jardins qui sont dignes de l'attention des connaisseurs.

Henri accepta avec reconnaissance. Après quelques minutes d'un entretien dans lequel dom Menilgrand fit preuve de connaissances variées, d'une exquise politesse et d'une constante bienveillance, Henri descendit dans les jardins avec dom Ribard.

Quand ils furent sous les beaux arbres du parc, le bénédictin dit en souriant à son jeune ami : Dom Menilgrand est très fier de notre abbaye, et surtout de son église. Il ne me pardonnerait pas de négliger de vous en faire admirer les beautés.

Henri. — J'avoue que tout ce que je vois ici a un air de grandeur qui commande l'attention et le respect.

Dom Ribard, *souriant*. — Un peu moins d'enthousiasme ; dom Menilgrand n'est pas ici pour vous entendre. Cependant, puisque vous voilà en bonnes dispositions, je vais en profiter, et je commence :

Vous savez quel est notre fondateur ?

Henri. — Sans doute, Guillaume-le-Conquérant.

Dom Ribard. — Précisément. Mais vous ignorez peut-être que Guillaume, après avoir fait bâtir cette magnifique église qu'il dédia à saint Etienne, voulut y placer quelques unes des reliques de ce saint. Ainsi, il obtint une partie d'un de ses bras qu'on conservait à Besançon.

Il fit même venir de Constantinople le chef de saint Etienne; mais, à cet égard, je suis forcé de vous avouer que l'église de Soissons se vante aussi d'avoir la tête du même saint.

Henri. — L'une des deux têtes est certainement apocryphe, et peut-être que toutes les deux......

Dom Ribard. — Chut! Je ne dois pas entendre ce langage. Nous avons d'ailleurs la conviction de posséder la véritable. L'église n'est pas aujourd'hui telle que l'avait fait construire Guillaume-le-Conquérant. On croit généralement qu'il ne reste de la première construction que la nef et le croisillon, ainsi que les carrés des deux grandes tours que vous voyez. Le chœur et les ailes, les flèches et les tourelles, ainsi que les arcades en ogive, ont évidemment été construits vers le quatorzième siècle, c'est-à-dire environ deux cent cinquante ans après la première fondation. Mais nous voilà arrivés à une des portes latérales de l'église; entrons pour voir l'intérieur.

Henri était venu vingt fois dans l'église Saint-

Etienne, avec l'insouciance d'un écolier et sans y faire beaucoup d'attention. Tous ces souvenirs du moyen âge dont l'entretenait dom Ribard parurent le frapper pour la première fois, et remplirent son esprit d'idées graves et mélancoliques. Ses yeux erraient çà et là dans ce vaste bâtiment aux belles et riches proportions. Il admirait ces arcades en ogive, ces dentelures, ces petites colonnes détachées des piliers massifs, et qui semblaient s'élancer jusqu'à la voûte, ces vitraux coloriés, au travers desquels le jour arrivait bleu, rouge, jaune ou violet, et dont on semble avoir perdu le secret.

Ils parvinrent en se promenant jusque dans le sanctuaire. Quand ils furent arrivés au milieu, dom Ribard fit remarquer à Henri quelques mots tracés sur une grande dalle en marbre noir. Henri se baissa, et lut ces mots : *Guglielmus rex*. C'était la cendre de Guillaume qu'ils foulaient sous leurs pieds, de ce conquérant si fort, si fier, si puissant. Henri se sentit vivement ému. Cette partie de l'église était exclusivement réservée aux moines, et le peuple n'y entrait jamais, en sorte que pour la première fois Henri voyait l'humble pierre qui couvrait les restes d'un des plus grands rois qui eussent paru sur la scène du monde.

Lorsqu'ils furent revenus dans les jardins, dom Ribard dit à Henri :

Le spectacle de l'anéantissement des grandeurs humaines a paru vous causer une vive impression, cela devait être à votre âge ; mais plus vous avancerez dans la vie, et plus ces impressions perdront de leur force. Qu'est-ce que la vie? Que sont les grandeurs humaines? un météore brillant, qu'un souffle de vent emporte. Les œuvres de la foi restent seules ; car elles ont Dieu pour principe et pour fin. Ah ! combien la foi nous console de ces déceptions qui semblent effeuiller tous les jours la couronne d'espérances et d'illusions que nos jeunes têtes portent avant d'entrer dans le monde !

Je l'avoue, dit Henri ; j'ai éprouvé devant la tombe de Guillaume une émotion dont je ne puis bien me rendre compte. Pourquoi donc est-il si difficile, même pour un cœur ferme, d'envisager de sang-froid le lendemain de la vie ?

— Parce qu'on manque de foi, répondit dom Ribard ; parce que vos philosophes ont employé des talens, qui pouvaient faire la gloire et la consolation de l'humanité, à l'égarer dans de fausses doctrines, et à ébranler dans nos cœurs les croyances de nos pères. Ils ont voulu saper les fondemens de notre sainte religion, de cette religion si charitable, si utile à l'homme. Vains efforts ! Elle a survécu à des persécutions plus acharnées ; elle surnagera encore dans ce débordement de toutes les mauvaises passions, car elle est la seule vraie, la seule qui ait été inspirée par un pur amour des hommes.

Avant elle, toutes les religions païennes semblent créées dans l'intérêt des grands de la terre et d'un petit nombre d'adeptes. Les prêtres retirés dans leurs temples, loin des yeux des profanes, ne s'étudiaient qu'à s'envelopper d'un voile mystérieux qui imprimât à leurs actes et à leurs paroles le cachet de la Divinité. Dociles instrumens de la puissance, ils faisaient parler leurs oracles menteurs en faveur de celui qui les avait ou payés ou intimidés. Tels on les vit en Egypte, tels en Grèce, tels en Italie, tels dans les forêts de la Gaule et de la Germanie. Leur voix se fit-elle jamais entendre aux malheureux? L'indigence obtint-elle jamais leur appui?

La religion chrétienne, au contraire, semble avoir été faite pour le peuple. Dès son origine, on la voit se glisser dans les asiles de la misère, prêter l'oreille aux plaintes, soulager les souffrances, instruire l'ignorance, démasquer les vices, venir au secours du faible, lutter intrépidement contre l'oppresseur. Non contente d'avoir fait notre bonheur ici-bas, la religion chrétienne nous apprend que cette vie n'est qu'un temps d'épreuves, et nous promet une éternité de bonheur si nous savons conquérir ce magnifique avenir. Quand un sort aussi beau nous est réservé, pourquoi regretter la vie? Ah! ce lendemain de la vie que vous ne pouvez envisager de sang-froid, est, pour un cœur fortement pénétré des vérités de la religion, le commencement de la véritable vie, de celle qui ne doit pas finir. En prononçant ces paroles, l'enthousiaste et bon moine avait les yeux levés au ciel ; son âme, dégagée de tout lien terrestre, semblait aspirer à de plus hautes destinées ; sa voix, pleine de douceur et d'onction, était devenue insensiblement plus forte et plus pénétrante. Quand il eut fini de parler, il se fit un silence de quelques minutes ; ensuite dom Ribard poursuivit en ces termes :

— Nous approchons d'une vénérable antiquité, le palais de ce roi dont nous venons de fouler le tombeau. Vous ne pouvez le voir ; il est dans la cour de l'abbaye dont nous sommes séparés par ce bâtiment qui donne sur le parc. Nous y serons dans un instant.

Dom Ribard ouvrit une porte qui les conduisit à un corridor ; ils le traversèrent. Descendant ensuite quelques marches, ils se trouvèrent dans une cour spacieuse, à gauche de laquelle était un bâtiment assez grand, plus long que large, et ressemblant assez à une petite église.

—Voilà le palais qu'habitait Guillaume quand

il venait à Caen, son séjour de prédilection. Il n'a, comme vous voyez, rien de bien remarquable que son antiquité. Nos bons aïeux déployaient tout leur luxe dans la construction des églises, qui étaient à leurs yeux la maison de Dieu ; mais ils se seraient bien gardés, en faisant construire leurs palais, de lutter de magnificence avec elles, surtout quand ces palais, comme celui-ci, étaient placés près de l'église. Je veux cependant vous y faire voir deux curiosités dignes de votre attention. Entrons.

Remarquez ces vitraux ; ils sont pareils à ceux que vous avez vus dans l'église ; seulement, comme ils étaient destinés à être vus de plus près, toutes les figures qui y sont représentées sont dans des dimensions bien moins grandes. C'est une preuve de goût et de connaissance de la perspective dont il faut faire honneur à l'artiste qui, malheureusement, est inconnu.

Cette grande salle porte le nom de salle des gardes du duc Guillaume ; c'est la seule pièce vraiment remarquable du palais. Elle paraît avoir été destinée à une salle du trône ou de

réception ; elle est, comme vous le voyez, pavée en briques, sur lesquelles sont dessinés les
écussons des plus illustres familles de Normandie, les Harcourt, les Mathan, les Tancarville,
les Tilly, les Graville, etc. Quand Guillaume a
voulu avoir sous ses yeux, dans son palais, ces
mêmes écussons qu'il avait vus si souvent briller autour de lui dans les combats, il semble
qu'il ait cherché à se rappeler par là tout à la
fois les services de ces nobles familles, les dangers que lui-même avait couru, et leur gloire
commune (*f*).

Henri écoutait avec un vif intérêt toutes les
explications de l'obligeant dom Ribard. Cette
espèce de revue des siècles passés lui semblait
pleine d'intérêt. Tout-à-coup les sons d'une clo-
che se firent entendre. Voilà le signal du dîner,
dit dom Ribard ; il faut interrompre notre examen, car dom Menilgrand ne nous pardonnerait pas d'être en retard le jour où il reçoit
monseigneur de Narbonne.

CHAPITRE TREIZIÈME.

> Nos bons aïeux aimaient à boire ;
> Que pouvons-nous faire de mieux ?
> Versez, versez, je me fais gloire
> De ressembler à mes aïeux.
> *Ancienne chanson.*

Lorsque dom Ribard et Henri arrivèrent dans les salons du prieur, monseigneur de Dillon, archevêque de Narbonne et abbé de Saint-Etienne de Caen, était arrivé. Il était engagé dans une vive conversation avec M. Feydeau de Brou, intendant de la généralité de Caen, et l'abbé de Canchy, lieutenant-général au bailliage. C'était un homme à l'œil vif, ardent, au visage bourgeonné, et dont les manières tenaient presque autant du militaire que du prêtre.

Il paraît qu'au sortir de l'enfance, il avait été, selon l'usage des cadets de grande maison, pourvu d'une compagnie de cavalerie. Il y avait ensuite renoncé, et avait embrassé la prêtrise, en considération de l'abandon qu'un de ses parens, revêtu d'une des hautes dignités de l'Eglise, lui avait fait de l'abbaye de Saint-Etienne dont il était lui-même pourvu. Il en était résulté dans ses manières ce mélange indéfinissable des deux professions.

Il écoutait en ce moment l'abbé de Canchy. Ce dernier avait entamé une savante dissertation sur les qualités des poulardes de Crèvecœur et de Caumont; et, malgré la vive résistance de M. Feydeau de Brou, donnait tout l'avantage aux premières. Dom Menilgrand arrivait en cet instant pour les prévenir que le dîner était servi; il entendit la fin de la conversation, et s'adressant à l'archevêque avec cette grâce qui ne l'abandonnait jamais : Monseigneur, je suis trop heureux de pouvoir dans un instant vous mettre sous les yeux les pièces du procès qui divise ces messieurs. On va nous servir des poulardes de Crèvecœur et de Caumont ; soyez juge et prononcez.

Les deux portes du réfectoire s'ouvrirent en ce moment, et laissèrent voir une grande table en fer à cheval, couverte ou plutôt chargée des mets les plus succulens et les plus rares. Au haut de la table était un dais sous lequel se plaça l'archevêque, en sa qualité d'abbé de Saint-Etienne : les autres convives prirent les places qui leur furent assignées par dom Menilgrand et dom Ribard.

Quand tous les convives furent à table, l'archevêque remarqua que des places restaient vacantes ; il en fit l'observation tout haut. Dom Menilgrand lui répondit qu'il avait cru pouvoir dispenser des offices, pour ce jour seulement, les dignitaires de l'ordre et les moines d'un âge avancé, mais que tous les jeunes moines et les novices étaient à l'église.

— Dom prieur, dit l'archevêque, en vertu de nos pouvoirs, nous dispensons des offices toute la [communauté aujourd'hui et demain jusqu'à midi.

Ces mots étaient à peine prononcés que, sur un signe de dom Menilgrand, deux moines allèrent chercher les absens, qui arrivèrent avec la vivacité de leur âge et la gaîté que leur inspirait une bonne chère inespérée.

Cette circonstance anima singulièrement le repas. L'archevêque s'amusa beaucoup de l'attaque vigoureuse qui fut dirigée par les jeunes moines contre les pièces de rôti et les énormes poissons qui couvraient la table.

Cependant l'abbé de Canchy n'avait point perdu de vue la discussion née entre lui et M. Feydeau de Brou. Ne trouvant pas, malgré la proposition de dom Menilgrand, que l'archevêque, qui ne goûtait aux mets que du bout des lèvres et avec indifférence, fût un juge compétent dans une affaire de cette importance, il crut devoir appeler la cause à son tribunal.

Il fait placer devant lui un flacon de vin

de Jurançon, et un autre flacon d'un vieux vin de Sauterne qu'il affectionnait particulièrement. Après ces préliminaires indispensables, il dirige d'abord une vive attaque contre la poularde de Crèvecœur, à laquelle il enlève les deux ailes, les deux cuisses et les filets. Il arrose le tout de vieux Sauterne.

En juge consciencieux et pénétré de ses devoirs, il croit convenable de mettre un intervalle de quelques minutes avant de passer à la poularde de Caumont. Il redoutait l'impression favorable qu'il avait reçue de la première, et ne voulait être influencé en aucune manière dans le jugement qu'il allait porter sur la seconde.

Il entame enfin la poularde de Caumont. Nous devons dire, en historien véridique, que dès les premiers morceaux il fut frappé de la finesse de sa chair et de la saveur de son goût. Il poursuit son examen, qu'il n'interrompt de temps en temps que par de fréquentes rasades de vin de Jurançon. Il visite ainsi scrupuleusement tous les coins et recoins de la pièce, si bien qu'il n'en reste que les os.

Il finissait à peine qu'il s'écria : « M. de Brou, vous avez gagné : victoire aux poulardes de Caumont ! »

Depuis ce dîner mémorable, la Normandie entière accorde la palme aux bienheureuses poulardes de Caumont. Nous devons dire cependant que les habitans de Crèvecœur ont plusieurs fois menacé d'appeler du jugement qui condamne leurs poulardes à n'occuper que le second rang. Jusqu'à présent, nous n'avons point connaissance que cette menace ait reçu d'exécution.

Pendant ce temps, Henri de Nollent trouvait beaucoup d'intérêt dans la conversation de dom Ribard, auprès duquel il était placé. Le bon moine continuait l'instruction qu'il avait commencée le matin, en lui donnant des détails sur les richesses de la communauté, ses vastes propriétés territoriales, son droit de haute et basse justice, la vie et les habitudes des moines. Peut-être dom Ribard, sans s'en rendre bien compte, trouvait qu'un jeune moine, plein d'amabilité et d'instruction comme Henri, serait un compagnon fort agréable et ne pourrait que faire honneur à la communauté.

De son côté Henri prêtait une oreille attentive aux discours de dom Ribard. Son élocution facile, son ton persuasif, le calme de son âme, devenue insensible aux passions du monde, faisaient revivre en idée ces anciens cénobites dont toute la vie se consumait dans des pratiques de bienfaisance et de piété. Il commandait tout à la fois l'attention et le respect.

CHAPITRE QUATORZIÈME.

> Pourquoi frappe-t-on ainsi? Que suis-je donc devenu, que le moindre bruit m'épouvante.
>
> *Macbeth*, acte II, scène 2.

> *Miserere mei, Deus!*
> Mon Dieu, ayez pitié de moi.
>
> *Ps.* 50.

Henri rentra assez tard rue du Collége-du-Mont. Nous ne pouvons dire au juste si, dans ses rêves, l'image de la jolie Marianne se présenta plus souvent à son imagination que les diverses scènes dont il avait été témoin au couvent des Bénédictins.

Les moines avaient un art admirable pour s'attirer des prosélytes, et Henri n'avait pas été tout-à-fait à l'abri de cette espèce de fascination exercée sur son esprit par dom Menilgrand et dom Ribard. Nul couvent au reste n'offrait plus de séduction que l'abbaye de Saint-Étienne. La douceur de sa règle, son opulence, la haute considération dont elle était environnée, le charme d'une habitation où toutes les jouissances de la vie monastique se trouvaient réunies, étaient bien faits, sinon pour décider une vocation, au moins pour donner matière à de sérieuses réflexions. Ces idées l'agitaient tellement que, dès le matin, il sentit le besoin de voir son ami dom Georges. Il désirait s'entretenir avec lui et recevoir ses observations. Il s'achemina donc vers la rue des Cordeliers où était situé le couvent du même nom.

Ce couvent n'avait point la même richesse ni la même importance que l'abbaye des Bénédictins. Il jouissait pourtant d'une haute considération. Il devait une partie de cette faveur à l'Université qui depuis plusieurs siècles y tenait ses assemblées, et avait adopté les cordeliers pour ses chapelains. On aimait à se souvenir que les cordeliers avaient produit des hommes justement célèbres dans les lettres, et avaient employé plusieurs générations à compléter une bibliothèque aussi curieuse que bien choisie. Ce couvent était situé contre les anciens murs de Caen, dont une des tours, la tour Silly, donnait dans ses jardins.

C'est dans la partie la plus reculée de ces mêmes jardins que Henri trouva le sous-prieur. Il était assis contre un arbre, avait la tête appuyée dans une de ses mains, et paraissait plongé dans de sérieuses méditations.

Au bruit que fit Henri en approchant, le cordelier leva lentement la tête, et Henri fut effrayé du changement qu'il remarqua en lui. Tous ses traits portaient l'empreinte d'un profond découragement.

—Eh bon Dieu! qu'avez-vous, mon cher Georges? vous paraissez aussi triste qu'un *Dies iræ*.

— Mon ami, que je suis aise de vous voir! Je ne l'espérais presque plus.

— Et pourquoi cela ?

— Je ne sais ; votre duel prochain avec M. de Lormoi me tourmente. Des renseignemens certains que j'ai reçus sur cet homme me le signalent comme un misérable. Savez-vous qu'il a été soupçonné d'avoir assassiné son frère dans une partie de chasse ?

— Raison de plus pour le punir.

— Et s'il vous prend en traître ?

— D'abord je n'irai pas seul avec lui sur le terrain. Ensuite j'ai bon bras, bon œil, et je ne crains rien.

— C'est pourtant moi qui vous ai attiré cette fâcheuse affaire, et je ne puis aller à votre place ! Ah ! Henri, pourquoi suis-je moine, et qu'avais-je fait à votre père pour qu'il me déterminât à prendre cet habit ?

Henri sentit son cœur se glacer en pensant à certaines idées, bien vagues il est vrai, que lui avait données sa visite chez les bénédictins.

Le cordelier continua :

J'en suis sûr maintenant, mes parens m'ont rejeté de leur sein parce qu'ils avaient honte de ma naissance. Que ne me laissaient-ils au moins ma liberté?

En finissant ces mots, le cordelier fondit en larmes.

— Que vois-je, dit Henri, dom Georges, vous pleurez?

— Ah! laissez-moi, j'en avais besoin. Je sens que pour la première fois de ma vie j'ai peur. Cela vous étonne : oui, mon ami, j'ai peur. Je ne rêve que sang, que catastrophes. J'en suis convaincu, un grand malheur est prochain.

— Mais, mon cher Georges, ce sont là les préjugés superstitieux du peuple.

— Donnez-leur tel nom que vous voudrez, vous ne m'ôterez pas ma conviction; et quel plus grand malheur puis-je avoir à craindre que de perdre mon ami?

Henri prit les mains de dom Georges, et les pressant affectueusement dans les siennes :

— Mon cher Georges, vous craignez pour moi, et moi j'ai peur pour vous. Je n'ignorais pas l'horrible anecdote que vous m'avez rapportée sur le vicomte de Lormoi; mais souvenez-vous que le bras d'un assassin peut atteindre aussi bien un sous-prieur, qui souvent rentre tard à son couvent, qu'un écolier qui n'est presque jamais seul. La rue de l'Oratoire est bien déserte à certaines heures.

Ces mots firent relever fièrement la tête de dom Georges. Ce n'était pas pour lui qu'il craignait le danger. Dès l'instant qu'il put entrevoir que ce danger le menaçait seul, son intrépide cœur surmonta un instant de faiblesse, et il vit son ami partir avec plus de calme qu'il n'en avait à son arrivée.

Après le départ de Henri, dom Georges retomba dans cette profonde tristesse que sa présence avait un peu dissipée. Il assista aux exercices de piété avec distraction. Les moines n'obtinrent de lui que des réponses brèves, sèches, qui annonçaient de l'impatience et de l'ennui. On le croyait malade et souffrant, on le plaignait; mais la hauteur et la réserve habituelles de son caractère faisaient que personne n'osait provoquer des explications de sa part. Dès que le soleil eût cessé de paraître sur l'horizon, il sortit du couvent et dirigea ses pas par la rue Froide-Rue et la venelle aux chevaux.

En quittant la rue des Cordeliers, comme il passait auprès des porches qui existaient devant le collége des Arts, un homme qui s'y était constamment tenu depuis plusieurs heures, en sortit brusquement et le suivit à la distance d'environ trente pas, en réglant sa marche sur la sienne. Parvenu sur le pont Saint-Jacques, dom Georges s'y arrêta quelques instans et parut hésiter s'il continuerait sa route.

Alors la nuit était noire. Après quelques momens d'indécision, il se remit en marche. Il se trouva bientôt dans la rue de l'Oratoire, et un peu plus tard devant la maison d'Eugénie Salmon. Il fit le signal accoutumé et entra. L'homme qui l'avait suivi jusque-là hâta alors le pas, et se rendit au premier étage de la maison rue Saint-Jean, en face de la rue de l'Oratoire.

Il y trouva réunis le vicomte de Lormoi et le chevalier de Lavarde.

— Que me donnerez-vous, monsieur le vicomte, si je vous annonce que le lièvre est au gîte?

— Bien rabattu, mon cher André. Je vois que tu nous amènes le gibier. Allons, chevalier, voici l'heure de la vengeance. André fera le guet pendant que nous serons à l'œuvre.

— Prendrons-nous nos épées?

— C'est inutile; elles paraîtraient sous nos redingotes. Voilà votre seule arme, un excellent poignard forgé à Milan. J'ai le pareil, et la clef de votre Pénélope.

— Mais, vicomte, pourquoi tant nous presser? Si nous réfléchissions un peu?

— Pourquoi réfléchir, quand le cordelier se prépare peut-être déjà à regagner son couvent? non, non; à la besogne.

Le faible chevalier se laisse persuader; les voilà partis.

Pendant ce temps, Georges était auprès de la fille Salmon, faisant de vains efforts pour surmonter cette tristesse indéfinissable qui, depuis le matin, l'obsédait comme un affreux cauchemar. L'insouciante fille était alors occupée à repasser une robe qu'elle devait mettre le lendemain. Tout en faisant son ouvrage, elle fredonnait l'ancienne chanson : « Colinette, au bois s'en alla, » et elle regardait en riant le cordelier chaque fois qu'elle répétait le refrain ; « n'y a pas d'mal à ça, Colinette. »

Quand elle eut fini, elle alla s'asseoir près de son ami :

— Eh bien, beau ténébreux, parlerez-vous enfin ?

— Laisse-moi, je suis triste à mourir.

— Ne parle pas si haut, lui dit-elle, en lui montrant un petit cabinet qui n'était séparé de la chambre que par une faible cloison. Il y a quelqu'un de couché ici.

— Quelqu'un !

— Ne sois pas jaloux, c'est un enfant de six ans, mon neveu, qui est arrivé ce matin de Bayeux et qui demain sera mis en pension chez M. Dautresme.

— Il ne dort pas, car j'entends du bruit. Mais non, je me trompais ; ce bruit ne vient pas du cabinet ; il vient plutôt de l'escalier.

— C'est singulier, maintenant il n'y a que moi qui habite la maison. On met une clef dans la serrure !... Ah ! mon Dieu !...

Dans ce moment la malheureuse fille se souvint de la clef qu'elle avait donnée au chevalier de Lavarde, ce fut un trait de lumière horrible. Elle se précipita contre la porte pour arrêter les assassins, en criant à son amant : Georges, défends-toi !

Georges se leva et saisit machinalement le fer à repasser qui était resté sur la table. Mais il n'avait plus son énergie habituelle. Les rêves de la nuit précédente et les pressentimens qui l'avaient poursuivi toute la journée, lui parurent alors autant d'avertissemens du ciel qu'il avait méprisés ; dès ce moment, il se vit un homme perdu.

Cependant les efforts d'Eugénie Salmon n'avaient retardé que d'un instant l'ouverture de la porte. Deux hommes masqués se précipitèrent dans la chambre. A la forme de leurs redingotes, à la couleur jaune de leurs collets et à leurs boutons d'or, il était facile de les reconnaître pour des officiers du régiment d'Artois. Eugénie s'élança comme une tigresse sur l'un d'eux qu'elle saisit au cou en l'étreignant de toutes ses forces. L'autre s'avança vers le cordelier. Ce dernier lui lança à la tête le fer à repasser qu'il tenait à la main, et le saisit par l'un des boutons de sa redingote qu'il arracha.

Au même instant Georges se sentit frapper au-dessous du sein gauche. Quelque chose de froid pénétra dans sa poitrine qui se remplit sur-le-champ. Il tomba sans proférer une parole, et rendit le dernier soupir.

L'assassin vint ensuite au secours de son camarade qui luttait avec peine contre une femme forte, exaltée, furieuse. Il ne trouva pas de moyen plus sûr, pour s'en débarrasser et arrêter ses cris, que de lui plonger dans le dos le poignard encore teint du sang de son amant. Elle fit entendre un cri terrible, mais ce fut le dernier. Ses mains se détachèrent du cou du chevalier de Lavarde, qu'elles tenaient serré d'une étreinte convulsive, et elle tomba pour ne plus se relever.

Le chevalier de Lavarde contemplait d'un œil hagard les deux cadavres étendus à ses pieds. Il frémit en sentant la main du vicomte de Lormoi qui vint se poser sur son épaule.

— Eh bien, dit le vicomte, nous sommes vengés, et j'espère que la vengeance est complète.

— Oui, bien complète! Quel horrible spectacle!

— Auriez-vous mieux aimé assister à leurs joyeux ébats? Les voilà comme dans la ballade:

>Ils étaient deux,
>Très amoureux,
>Prêts à bien faire.
>La mort les prit,
>Les étendit
>Dans une bière :
>Ce fut leur lit.

Le chevalier se tordait les mains de désespoir. Le malheureux n'avait peut-être vu dans cette rencontre avec le cordelier qu'une sévère leçon à donner, que quelques coups de bâton ou de plat d'épée, et, quoique ses mains n'eussent pas trempé dans le sang, il n'était pas moins le complice d'un meurtre abominable.

Je vois, dit le vicomte, en le regardant d'un air de pitié, que j'ai bien fait d'amener André avec moi. Vous voilà tout stupéfait et hors d'état de nous aider à sortir d'affaire. Il alla sur l'escalier et appela à voix basse André, qui arriva sur-le-champ.

André se trouvait depuis long-temps au service du comte de Lormoi. C'était une espèce de brute qui n'avait d'autres qualités qu'une obéissance passive et une discrétion à toute épreuve, en un mot, un bras qui obéissait à l'impulsion qu'on lui donnait. Aussi le vicomte le traitait bien et pourvoyait amplement à ses besoins et à tous ses goûts de plaisir et même de débauche.

Il parut peu étonné en voyant le spectacle qui se présentait à lui, et demanda froidement au vicomte ce qu'il fallait faire. La mort de ce misérable moine, répondit de Lormoi, serait la cause d'une esclandre de tous les diables. Il faut le faire disparaître. Quant à cette fille, qui n'a ni parens, ni amis, elle restera ici pour donner de l'occupation au lieutenant criminel. Commençons par nous assurer qu'il n'y a personne dans cette maison, et que nous n'avons aucune indiscrétion à redouter.

André parcourut la maison du haut en bas et revint dire au vicomte qu'il n'avait rien vu. Le petit cabinet noir, qui était d'ailleurs fermé à clef, échappa à son attention parce que le chevalier de Lavarde était resté assis, plus mort que vif, dans un fauteuil qui y était adossé et qui en cachait en partie la porte.

Le vicomte sortit dans la rue, s'assura qu'elle était déserte et que personne n'était en observation. Il remonta.

— André, que ferons-nous de cette charogne? dit-il, en montrant le corps du cordelier.

— Le pont Saint-Jacques n'est pas loin, et si M. le vicomte veut me prêter un petit coup de main, nous lui ferons faire de là le saut périlleux dans la rivière.

— Excellente idée, parbleu! car il est présumable que demain, à l'heure de la marée, il sera déjà loin de nous. Le chevalier nous servira d'éclaireur, si ses jambes parviennent à le porter.

— Cela n'est pas sûr; voyez donc, M. le vicomte, il joue des castagnettes avec ses dents.

Le vicomte et André s'occupèrent sur-le-champ d'enlever le cadavre du cordelier. Ils trouvèrent dans la maison une petite échelle sur laquelle ils l'attachèrent et qui devait servir à le transporter. Tous les préparatifs terminés, ils soulevèrent le corps et le descendirent dans la rue. Les portes furent soigneusement fermées, et le vicomte de Lormoi emporta les clefs qu'il jeta le lendemain dans l'abreuvoir des prés.

Le chevalier de Lavarde les suivait, absorbé dans ses pensées. Il était environ une heure du matin; le temps était sombre, et la pluie qui tombait par torrens, les rassurait contre les rencontres qu'ils auraient pu faire. Ils suivirent la rue de l'Oratoire, la petite rue des Jacobins et arrivèrent sur le pont Saint-Jacques. Là, ils précipitèrent le cordelier dans la rivière, pendant que le vicomte, pour adieux, lui adressait ces mots à demi-voix : « Va refroidir ces feux qui t'ont rendu si téméraire. » Certains alors du secret et de l'impunité, ils retournèrent à la demeure de M. de Lormoi avec le chevalier de Lavarde.

En arrivant, de Lormoi demanda du vin capiteux de Roussillon. Il en but deux grands verres coup sur coup et pressa le chevalier de l'imiter. « Il faut s'étourdir, lui dit-il, dans ces sortes d'occasions; mais seulement quand le coup est fait, afin de ne pas perdre la tête au fort de l'action. Je ne crois pas que vous ayez grande raison de regretter la fille Salmon. Vous n'avez fait que lui payer une dette. Quant au sous-prieur, qui est maintenant à se disputer avec les brochets de l'Orne, c'était un homme sans naissance, sans amis, sans protecteurs. Qui diable aura intérêt à rechercher la cause de sa mort?

Il fit venir André, récapitula avec lui toutes les circonstances de la soirée et de la nuit, s'assura de nouveau qu'il avait sur lui tout ce qui aurait pu le faire reconnaître, le poignard, son mouchoir, sa tabatière, ses gants, son chapeau. Point de danger de ce côté.

Quant à André, il était trop habitué à se trouver dans des affaires délicates pour que son maître pût avoir la moindre inquiétude à son égard.

Aussi le vicomte frappa ses mains l'une contre l'autre en s'écriant : « Bien joué, morbleu ! » En ce moment il pâlit : il venait de voir, dans la glace qui lui faisait face, que sa redingote était déchirée à la hauteur de la poitrine, et qu'un des boutons d'or et le drap auquel il tenait avaient été arrachés. « Diable ! dit-il. »

CHAPITRE QUINZIEME.

> La nuit a été bien étrange. On a, dit-on, entendu dans les airs des lamentations, d'horribles cris de mort.
>
> *Macbeth*, acte II, scène 3.

L'orage de la nuit avait nettoyé les rues de Caen, et fait disparaître les traces de sang qui, dans le trajet de la rue de l'Oratoire au pont Saint-Jacques, auraient pu s'échapper de la blessure du cordelier. Rien n'annonçait donc le matin dans la rue de l'Oratoire qu'elle eût été le théâtre d'un horrible assassinat. Toutefois, les voisins d'Eugénie Salmon avaient été réveillés de bonne heure par les cris et les plaintes d'un enfant. Ils ne s'en étaient pas autrement émus à cause du peu d'intérêt qu'ils portaient à la maison, bien que ces cris eussent un caractère particulier de souffrances et d'angoisses.

Cependant ces gémissemens continuels et l'absence d'Eugénie Salmon qui avait l'habitude de sortir chaque matin pour renouveler ses provisions, commencèrent à leur donner à penser. Toutes les commères du quartier avaient l'oreille tendue avec d'autant plus d'attention que les commentaires qu'elles avaient fait plusieurs fois sur la conduite peu régulière de cette fille leur revenaient à l'esprit. Plusieurs même n'étaient pas éloignées de croire qu'elle avait été emportée par ce grand homme noir qui venait la voir deux fois par semaine, et qui à leurs yeux, n'était autre que Satan en personne. Quant aux plaintes qu'on entendait, c'étaient, sans doute, celles de son âme en peine.

En ce moment arriva le boulanger qui, selon l'habitude de Caen, portait, dans un grand panier appuyé sur son épaule, le pain qu'il distribuait tous les matins à ses pratiques. Il voulut ouvrir la porte qui résista. Une vieille femme, qui était sur le pas de la boutique en face, lui dit : « Ce n'est pas pour Eugénie que votre four a chauffé cette nuit ; elle mange d'un autre pain maintenant.

— Est-ce qu'elle m'aurait changé? dit le boulanger.

— Ce n'est pas cela que je veux dire.

— Alors, vieille sibylle, expliquez-vous plus clairement.

— Vieille sibylle qui vaut bien un mitron, je pense.

Cette querelle amusait les passans qui se rassemblaient peu à peu et impatientait le boulanger. Il frappa avec une pierre pour que les coups se fissent entendre plus distinctement. Alors les cris qui partaient de l'intérieur de la maison parurent redoubler. Le boulanger approcha son œil de la serrure pour voir dans l'intérieur qui était éclairé par une fenêtre pratiquée au-dessus de la porte.

Il se releva tout pâle en disant qu'il avait vu une large traînée de sang sur les marches de l'escalier. D'autres personnes regardèrent, et toutes confirmèrent l'horrible vision. Il fut certain dès ce moment qu'un malheur ou un crime avait eu lieu chez Eugénie Salmon. Plusieurs personnes se détachèrent de la foule pour aller avertir M. Radulfe, le lieutenant criminel, et la foule continua à se rassembler.

M. Radulfe arriva avec quatre hommes de la milice bourgeoise et un serrurier. La porte ayant été ouverte, la trace de sang parut à tous les yeux. M. Radulfe fronça le sourcil. Il plaça deux gardes à la porte, avec défense de laisser entrer ou sortir personne; puis il monta l'escalier, suivi des deux autres gardes et du serrurier.

La trace du sang les conduisit à la chambre d'Eugénie Salmon, dont la porte était également fermée. Le serrurier fit sauter la serrure, et alors on vit le cadavre d'Eugénie étendu sur le plancher. Ses traits et ses mains étaient horriblement contractés.

M. Radulfe marcha droit au petit cabinet d'où sortaient les cris. La porte tenait à peine ; il l'enfonça d'un coup de pied, et aussitôt s'élança dans la chambre un pauvre enfant qui se jeta aux genoux de M. Radulfe, en lui disant d'une voix entrecoupée : Oh ! ne me tuez pas ! ne me tuez pas ! — Ah ! nous saurons quelque chose, dit le lieutenant criminel à demi-voix.

Il caressa l'enfant, le rassura, le fit asseoir. — Messieurs, dit-il, en s'adressant aux gardes et au serrurier, restez à la porte.

Mais en ce moment le pauvre enfant aperçut sa tante dont le cadavre était gisant dans une mare de sang. Il quitta la main de M. Radulfe et se jeta sur ce corps déjà froid, en faisant entendre des accens si déchirans que l'inflexible magistrat sentit ses yeux se mouiller de quelques larmes. — Allons, se dit-il, ce n'est pas avec de la sensibilité qu'on arrive à la découverte de la vérité. Du sang-froid, et procédons.

L'enfant avait plusieurs fois prononcé les mots de *ma tante*. Ils n'étaient pas échappés à

M. Radulfe. Quand le pauvre petit fut plus calme, il le prit sur ses genoux :

— Ainsi, mon enfant, ils ont tué votre tante, votre bonne tante.

— Oh! oui, monsieur, bien bonne! Et l'enfant se remit à pleurer.

— Elle leur avait donc fait beaucoup de mal, votre tante?

— Non, monsieur, ni son bon ami non plus, qu'ils ont tué aussi.

Ces derniers mots annonçaient un double crime à M. Radulfe. Il regarda autour de lui, croyant rencontrer encore un cadavre. Il ne vit qu'une seconde mare de sang plus près du lit, ce qui le fortifia dans l'idée qu'un autre crime avait été commis. D'ailleurs, le sang qu'il avait vu dans l'escalier ne pouvait être celui d'Eugénie Salmon, qui, évidemment, avait été tuée à la place où le corps était resté. Il y avait donc eu une autre personne assassinée. Où était-elle ?

Il fit de nouvelles questions à l'enfant, et alors, autant que purent le permettre sa frayeur, ses angoisses, ses larmes, le pauvre enfant lui expliqua à peu près toute la scène de la nuit, qu'il avait vue à travers une des fentes de la cloison : l'assassinat d'Eugénie Salmon par deux hommes masqués, revêtus de redingotes d'officier ; celui du prêtre, et l'enlèvement du corps par une troisième personne qui, d'abord, était restée au bas de l'escalier.

— Eh ! malheureux enfant, pourquoi ne criais-tu pas ?

— Hélas ! monsieur, ils m'auraient tué aussi, car je suis trop petit pour me défendre.

— C'est juste, dit M. Radulfe. Il jeta alors les yeux autour de lui.

Rien n'était dérangé dans la chambre, sauf un vieux fauteuil qui était renversé. La montre d'or d'Eugénie Salmon était accrochée à sa cheminée, avec une longue chaîne en or à plusieurs chaînons où pendaient des cachets, selon la mode du temps. Sur la commode se trouvaient deux pièces de six livres, avec quelque menue monnaie. Rien n'indiquait un vol ; tout annonçait une vengeance particulière.

M. Radulfe releva le fauteuil ; quelque chose de brillant frappa sa vue. Il se baissa, et ramassa un bouton d'or auquel se trouvait attaché un lambeau de drap.

C'est l'uniforme d'Artois et l'uniforme d'officier, dit M. Radulfe. Tout explique maintenant la déposition de l'enfant. Un prêtre a été tué ici par de nobles assassins, par des officiers d'Artois, et, en se débattant, ce bouton lui sera resté à la main ; mais que ces messieurs ne jouent pas à ce jeu avec moi, car, par le ciel ! j'irai les arracher du milieu de leurs grenadiers pour les traîner à la roue.

M. Radulfe, que les gens de justice étaient venus rejoindre, fit aussitôt dresser un procès verbal minutieux de l'état des lieux et de la déposition de l'enfant. Il fit également constater la forme et la grandeur du bouton d'or, et du lambeau de drap qui avaient été trouvés sous le fauteuil renversé. Il confia l'enfant à M. Dautresme qui était venu le réclamer, et apposa ses scellés sur l'appartement, après avoir fait enlever le corps d'Eugénie Salmon.

Comme il sortait de la rue de l'Oratoire, il vit venir à lui un de ses employés qui lui annonça qu'à l'instant même on avait retrouvé auprès du pont Saint-Jacques, arrêté à un piquet, le corps d'un prêtre assassiné, et que ce prêtre, qui avait été reconnu sur-le-champ, était dom Georges, sous-prieur des cordeliers.

CHAPITRE SEIZIÈME.

> L'heure est sonnée, où donc est
> le coupable ?
> KELPIE.

M. Radulfe portait à l'excès l'amour de ses devoirs, et s'exagérait peut-être l'importance de sa charge. Il se considérait en quelque sorte comme responsable de tous les événemens qui troublaient la tranquillité publique, puisque, ayant la force en main, c'était à lui de les prévenir et de les empêcher. Il faut, au reste, lui rendre cette justice ; grâce à sa surveillance excessive et même rigoureuse, il était très rare qu'on entendît parler de crimes à Caen et même dans le ressort du bailliage. C'était un grand bonheur pour lui d'entendre dire que sous sa ferme et sage administration on aurait pu envoyer la nuit, d'un bout de la ville à l'autre, un enfant tenant une lanterne d'une main et de l'autre un plat d'argent.

Et voilà que tout-à-coup, dans une même nuit, au centre de la ville, cette profonde sécurité est troublée par un double assassinat ; l'une des victimes est un prêtre, le sous-prieur d'un des couvens le plus en renom à Caen !

Cet événement, qu'il considérait comme devant affaiblir beaucoup, sinon lui faire perdre entièrement la confiance des habitants, lui causa une vive douleur, et il se promit bien de mettre en usage tout ce que le ciel lui avait départi de force et d'intelligence pour pénétrer au fond de cet horrible mystère.

Dès neuf heures du matin la nouvelle du

double assassinat se répandit dans toute la ville.
Henri de Nollent en fut instruit un des premiers.
Il connaissait M. Radulfe, auquel son père l'avait
fortement recommandé. Il arriva tout en larmes
chez lui pour lui demander des détails sur cet
affreux événement. M. Radulfe n'était pas
homme à compromettre l'efficacité des moyens
qu'il tenait en réserve, par une publicité intempestive. Il se contenta de dire à Henri qu'il était
vrai qu'un enfant avait été témoin de l'assassinat, mais, que les assassins étant masqués, il
n'avait pu les reconnaître, et que la justice instruisait. — Si je vous déclarais, lui répondit
Henri, que j'ai des soupçons qui équivalent
presque à une certitude ? — Vous ne feriez que
votre devoir en me les indiquant.

Henri lui déclara alors ce qui s'était passé sur
le Cours et sous le portail Saint-Pierre. Il ne lui
cacha pas la provocation qu'il avait adressée au
vicomte de Lormoi, et dont les suites n'avaient
été suspendues que par la blessure de ce dernier.

— M. de Nollent, lui répondit M. Radulfe,
il y a bien quelque chose dans ce que vous ve-

nez de me déclarer, mais cela aurait peu de poids auprès de la justice, par deux raisons : la première, c'est que votre déposition ne fait que signaler une prétendue inimitié qui existait antérieurement entre le sous-prieur et M. de Lormoi ; la seconde, c'est que vous pourriez être considéré comme ayant un intérêt personnel à l'arrestation et peut-être à la condamnation de M. de Lormoi.

Henri fit un geste d'étonnement.

— Eh ! oui, sans doute. Ne m'avez-vous pas dit que vous deviez vous battre avec M. de Lormoi ? or, vous avouerez que c'est un moyen bien facile de se débarrasser d'un ennemi que de le signaler aux yeux de la justice comme coupable d'un assassinat.

— Comment, Monsieur, vous me soupçonneriez d'une pareille infamie ?

— A Dieu ne plaise. J'ai voulu seulement vous faire ressortir les circonstances qui pourraient invalider votre déposition aux yeux des juges. Ne voyant pas le fond des cœurs, ils ne peuvent se décider que sur des probabilités. Ne m'avez-vous pas dit d'ailleurs que M. de Lormoi avait eu le bras foulé? or, quelle apparence qu'un homme blessé aille s'embarquer dans une affaire où on a besoin d'un bras fort et déterminé?

— C'est vrai, Monsieur, je reconnais la justesse de vos objections, de la dernière surtout qui est la seule que je puisse admettre. Et pourtant, croyez-moi, cet homme est l'assassin. Dom Georges le craignait, mais pour moi; car son intrépide cœur se serait fait un jeu d'un danger qui n'eût menacé que lui.

Après le départ de Henri, M. Radulfe réfléchit à leur conversation, à laquelle il avait attaché beaucoup plus d'importance qu'il ne l'avait laissé voir. Il fit deux ou trois fois le tour de sa chambre, puis, voulant sortir, prit sa canne et son chapeau, en disant : A nous deux maintenant, M. de Lormoi.

CHAPITRE DIX-SEPTIÈME.

> Qui m'indiquera, sous le soleil, un être plus hardi, plus turbulent qu'un écolier ?
>
> La Bruyère.

Henri était sorti peu satisfait de chez M. Radulfe. Il alla répandre parmi les élèves du collége Dumont, du collége Dubois et du collége des Arts, ses douleurs, ses soupçons, et la soif de vengeance dont il était animé. Toute cette jeunesse l'aimait : elle regrettait aussi dom

Georges qu'elle avait vu souvent se mêler à ses plaisirs, et qui, d'ailleurs, était sous-prieur d'un couvent qui faisait corps avec l'Université. Elle reçut avec avidité les communications de Henri, qu'elle adopta en quelque sorte pour son drapeau. De rapides émissaires coururent d'un collége à l'autre, et on se prépara.

Henri rendait néanmoins justice à M. Radulfe; seulement il trouvait que ce dernier était trop compassé, trop formaliste, quand, dans une circonstance semblable, il fallait, selon Henri, frapper vite et fort.

Mais le lieutenant criminel voyait les choses avec plus de sagacité et avec une connaissance plus approfondie des hommes. La manière dont l'assassinat avait été commis démontrait, chez ses auteurs, un rare sang-froid et une prudence peu commune. Sauf le bouton d'or, M. Radulfe n'avait aucun indice qui pût mettre sur les traces des assassins.

Si même il donnait de la publicité à ce faible témoignage, il devait craindre que les auteurs du crime ne fissent sur-le-champ disparaître la seule pièce de conviction, la redingote. Tout devait donc faire croire à M. Radulfe qu'une attaque, dirigée dès lors contre le vicomte de Lormoi, ne réussirait pas, étant dénuée de preuves, et servirait même à assurer son impunité, puisque ce serait un avertissement pour lui de se tenir sur ses gardes.

Il résolut alors de procéder dans cette affaire avec une prudente réserve et de ne rien précipiter, espérant que les auteurs du crime commettraient quelque imprudence, ou feraient indirectement quelque semi-révélation dont il pourrait profiter. Cependant, il fallait donner une satisfaction à l'opinion publique qui voyait dans l'assassinat du cordelier, non seulement un meurtre odieux, mais une insulte faite à l'Université dans la personne d'un de ses chapelains, et qui appelait à grands cris une prompte vengeance.

M. Radulfe, pour gagner du temps, après s'être entendu avec l'évêque de Bayeux, demanda que l'autorité eccésiastique lançât un monitoire. Nos lecteurs savent qu'un monitoire était une espèce de sommation faite à tous les fidèles, et pub iée dans les églises par trois dimanches consécutifs, de déclarer, sous peine d'excommunication, les renseignemens qu'ils pourraient avoir sur un assassinat, ou tout autre fait dont on voulait connaître les auteurs.

Cette cérémonie était toujours accompagnée d'une certaine solennité qui frappait fortement l'esprit du peuple, et il n'était pas rare dans ce siècle, moins sceptique que le nôtre, de voir des coupables ou des complices se traîner au tribunal de la pénitence, et avouer le crime pour éviter les châtimens éternels auxquels l'Église condamnait les rebelles à sa voix.

Si aucune révélation n'était faite, le troisième dimanche, le prêtre montait en chaire, tenant un cierge à trois branches allumées. Il répétait trois fois la sommation en éteignant chaque fois une des branches du cierge, et après la dernière branche éteinte, il jetait le cierge, le foulait aux pieds, ce qui indiquait que l'excommunication était prononcée, le coupable jeté hors du sein de l'Église et dévoué aux puissances infernales.

Le monitoire fut donc lancé et devint le sujet de la conversation de toute la ville. Cette circonstance déjà connue de la présence sur le théâtre du crime de deux personnes masquées, revêtues de redingotes de l'uniforme d'Artois, reçut une nouvelle publicité. L'irritation augmenta contre le régiment, et dès ce moment, malgré le zèle et la sagesse des autorités, il fut aisé de prévoir une explosion prochaine.

Au spectacle et dans les promenades, les officiers et les soldats furent publiquement insultés par les écoliers. Les duels de deux contre deux, de trois contre trois, et même d'un plus grand nombre, eurent lieu, soit sur le Pont-aux-Vaches, soit dans la Venelle-au-Loup, soit près du couvent des Capucins. Le régiment perdit plusieurs braves soldats. Furieux de se voir ainsi décimer journellement par des jeunes gens, les soldats ne marchèrent plus qu'en grand nombre. Les écoliers, de leur côté, ne sortirent que par bandes armées. La voix du recteur et des professeurs ne fut plus écoutée.

Enfin, ce qu'on craignait arriva. Le douzième jour après l'assassinat, une collision eut lieu sur la place Saint-Sauveur. Le bruit s'en répandit aussitôt dans toute la ville. Les soldats qui étaient à l'exercice ou dans leur caserne accoururent au secours de leurs camarades. Les écoliers allèrent chercher des renforts dans les colléges de l'Université qui se trouvaient peu éloignés. Les auditeurs désertèrent aussitôt les classes de leurs professeurs, s'armèrent de tout ce qui leur tombait sous la main, et se rendirent sur le lieu du combat.

Dans un instant la place Saint-Sauveur et les rues adjacentes furent couvertes de plusieurs milliers de combattans, qui se chargèrent avec fureur. Par bonheur les soldats n'avaient point de cartouches, ce qui eût bientôt mis une grande inégalité dans le combat; mais, pris au dépourvu, ils n'avaient d'autre arme que leur sabre, qui luttait avec désavantage contre le bâton à deux bouts.

Cependant le sang avait coulé. Plusieurs

écoliers et soldats étaient étendus sur la place et recevaient les secours de leurs camarades, quand le colonel du régiment, dont jusqu'alors la voix avait été méconnue, parvint à se faire entendre.

— Que demandez-vous? dit-il à Henri de Nollent qui se trouvait en face de lui aux premiers rangs de ses camarades.

— Nous voulons, répondit Henri, qu'on nous livre les assassins, ou que le régiment quitte la ville.

— Des assassins! Il n'y en a pas dans le régiment d'Artois.

— Si! si! répondirent des milliers de voix.

Pendant cette suspension d'armes, le recteur et les principales autorités de la ville arrivèrent. On forma, au milieu de la place, une espèce de conseil de guerre, et le résultat fut que le régiment d'Artois quitterait la ville et irait à Bayeux.

Le régiment d'Artois alla donc, dès le soir même, coucher à Bretteville, sur la route de Bayeux, et les écoliers le suivirent à quelque distance des murs de la ville pour s'assurer que la convention serait fidèlement exécutée.

Avant de rentrer dans la ville, les écoliers dépouillèrent de leurs branches tous les arbres qu'ils rencontrèrent sur leur passage pour s'en faire des trophées. Ce triomphe inespéré, qu'ils ne devaient en grande partie qu'à la sagesse des autorités, exalta l'ardeur bouillante de ces jeunes gens. Ils ne savaient aucun gré à la modération prudente qui, dans l'état d'exaspération des esprits, avait reculé devant un conflit dont les conséquences pouvaient faire couler des flots de sang. Ils s'habituèrent peu à peu à mépriser ce qui, jusqu'alors, avait été l'objet de leur vénération et de leur crainte.

Cet événement eut un grand retentissement dans la Normandie. Un régiment, qui avait donné sur le champ de bataille des preuves d'une valeur incontestée, chassé de Caen par des écoliers ! C'était une première révélation de la puissance des masses populaires, puissance qui depuis eut si souvent occasion de se déployer dans la révolution, dès lors avançant à grands pas.

Le lendemain de ce jour mémorable, il y avait assemblée chez M. Feydeau de Brou. M. Radulfe s'y trouvait avec les principales autorités de la ville. Le comte de Valentinois, gouverneur de Cherbourg, y vint. La conversation roula sur les événemens de la veille.

Le marquis de L....., vieux seigneur de l'ancienne cour, faisait pleuvoir les railleries sur le régiment d'Artois, et voulait parier qu'avec deux piquets de cavalerie, armés seulement de cravaches, il dissiperait facilement toute la jeunesse des écoles.

Le vicomte G....., jeune colonel, se piquant d'émulation, se faisait fort d'aller le lendemain avec une escorte de vingt-cinq hommes fermer les portes des colléges, et proposait de renvoyer tous ces enfans à leurs mamans pour qu'on les mît au pain et à l'eau.

M. Radulfe ne disait rien.

— Qu'en pense M. Radulfe? dit le comte de Valentinois.

— Je répondrai à M. le vicomte : Ces écoliers étaient peut-être des enfans hier, mais aujourd'hui ce sont des hommes ; car ils ont le sentiment de leurs forces. Je suis moins effrayé de leurs excès que de l'assurance de ces messieurs, dit-il, en montrant le marquis et le vicomte. C'est en jugeant les événemens avec cette légèreté qu'on s'enlève d'avance les moyens d'y porter remède. Eh bien ! Messieurs, ce que vous considérez comme une échauffourée de jeunes gens est peut-être le commencement d'une révolution, car il y a eu abaissement du pouvoir, et je vois que personne ne cherche à le relever par des moyens convenables.

On regarda ces paroles comme une de ces boutades familières à M. Radulfe, qui avait naturellement l'esprit morose et chagrin ; cependant, quand le premier moment fut passé, on pensa qu'il pouvait bien avoir raison.

Le maréchal duc d'Harcourt, gouverneur de la province de Normandie, était alors à son château d'Harcourt, à quelques lieues de Caen. A la première nouvelle de cet événement qui, à ses yeux, dépouillait la puissance militaire d'un de ses prestiges, il arriva sur-le-champ pour réclamer la punition des auteurs de l'émeute et la réintégration du régiment d'Artois dans la garnison de Caen.

Il éprouva une vive résistance de la part des autorités de la ville, qui prévoyaient les plus grands malheurs si ce conseil était suivi. Personne ne se dissimulait la gravité des circonstances; mais comment appliquer le remède? Tous ces jeunes gens formaient un corps si compacte, si nombreux, si exalté. Derrière eux d'ailleurs se trouvait une population brave, tenace et habituée à considérer les écoliers de l'Université comme ses enfans. Que serait venu faire le régiment d'Artois dans une enceinte fortifiée, et où, les portes étant fermées, il se serait trouvé pris comme des rats dans une ratière? Il est bon d'ailleurs de faire observer qu'à cette époque la ville de Caen, comme toutes les anciennes villes de guerre, présentait une foule de petites rues étroites, sinueuses, bordées de maisons fortement bâties en pierres de taille et qu'il eût été très difficile d'emporter de vive force.

On fit alors une transaction, comme il arrive toujours dans de pareilles circonstances : le régiment d'Artois resta à Bayeux, mais on arrêta que Henri de Nollent, qui était incontestablement le chef de l'émeute, et quelques uns de ses plus fervens adhérens seraient expulsés de l'Université et de la ville.

Henri s'enorgueillit de la proscription prononcée contre lui. A ses yeux, jamais cause n'avait été plus juste que la sienne. Pour ces jeunes gens, profondément versés dans la connaissance des langues grecque et latine, et imbus des doctrines d'Athènes et de Rome, venger un ami était plus qu'un devoir, c'était une espèce de religion. Il ne fit donc paraître aucun regret, et ne s'occupa qu'à calmer l'irritation de ses camarades que sa condamnation avait exaspérés. Il se prépara à quitter la ville ; mais avant, il avait deux visites à faire, l'une à M. Radulfe, l'autre à Marianne.

CHAPITRE DIX-HUITIÈME.

> Elle étendit alors sa main de lys,
> Et lui dit d'une voix émue :
> Va, je te rends les sermens que tu fis,
> Puisse à ton cœur la paix être rendue.
> *Ancienne ballade.*

Le lieutenant criminel avait été vivement contrarié de la scène qui s'était passée sur la place Saint-Sauveur et du départ du régiment d'Artois pour Bayeux. Si de Lormoi changeait de garnison, la surveillance de M. Radulfe ne pourrait que difficilement l'atteindre, et comment parvenir à le convaincre alors de l'assassinat du cordelier. D'un autre côté, comment laisser sans vengeance un horrible attentat commis dans un des quartiers les plus populeux de Caen, quand la ville entière avait les yeux fixés sur un magistrat dont elle avait plusieurs fois éprouvé le zèle et la perspicacité.

M. Radulfe réfléchissait tristement aux difficultés de la position, et examinait pour la vingtième fois au moins le bouton d'or et le précieux lambeau de drap qui devaient le guider dans ce labyrinthe, quand on annonça Henri de Nollent. Le premier mouvement de M. Radulfe fut de refuser de le voir. Sa qualité de chef de l'émeute des écoliers n'était pas un titre de recommandation à ses yeux. Peut-être même allait-il lui faire fermer sa porte, quand il se souvint que Henri avait été l'ami déclaré du malheureux dom Georges. L'espoir de découvrir quelques indices par le moyen de ce jeune homme changea ses dispositions. Il ordonna qu'on le fît entrer.

Henri reçut un accueil poli, mais froid. Je crains, dit-il à M. Radulfe, que les derniers événemens ne m'aient enlevé votre bienveillance. Ce serait un nouveau malheur à ajouter à ceux que j'ai éprouvés.

— Des malheurs, jeune homme ! on pourrait leur donner un autre nom. Savez-vous que vous vous êtes fait une affaire au grand criminel ? C'est ainsi que nos lois qualifient la rébellion accompagnée d'effusion de sang.

— Nous étions dans le cas de légitime défense.

— Non pas, vous avez seulement voulu substituer à l'action si sûre de la justice.....

— Et si lente !

— Si lente, puisqu'il vous plaît de la qualifier ainsi. Vous savez, au reste, que nous marchons *pede claudo*; mais ne m'interrompez plus. Vous avez, dis-je, voulu substituer à l'action de la justice la violence et l'arbitraire. Vous avez jeté la perturbation parmi des citoyens paisibles, et compromis le respect dû aux autorités. C'est très grave, Monsieur ; et le bras de la justice pourrait vous atteindre.

— Je n'ai pas besoin de rappeler à M. Radulfe la règle de droit *non bis in idem*. J'ai été traduit à raison de ces faits devant le tribunal du Recteur, qui, d'après nos priviléges, était seul compétent pour me juger.

— Des priviléges, toujours des priviléges! murmura M. Radulfe.

— Il s'est contenté, à cause des circonstances qui militaient en ma faveur, de prononcer mon exclusion des cours de l'Université pendant un an, et je venais vous faire mes adieux.

— Voilà au moins une satisfaction donnée à la justice. C'est une affaire instruite et jugée; je n'ai plus rien à y voir. Quant à l'assassinat de votre ami le cordelier, c'est différent.

— Auriez-vous découvert quelque indice?

— L'instruction se poursuit, mais jusqu'à présent, ajouta M. Radulfe en hésitant et d'une voix altérée, je suis forcé de convenir que je ne sais rien de positif.

— Mais l'assassin?...

— D'abord ils étaient deux.

— Deux, répéta Henri.

Tout-à-coup une pensée parut le frapper, et il laissa échapper ces mots à demi-voix : Georges lui avait fait donner son congé...; il était sans cesse avec de Lormoi...; mais c'est un homme sans énergie...; à moins qu'excité par de Lormoi.....

M. Radulfe observait Henri avec une vive attention. Il lui prit la main.

— Vous m'avez déjà fait part de vos soupçons sur M. de Lormoi. Est-ce que vous soupçonneriez encore une autre personne?

— C'est vrai.

— Eh bien! pour que vos idées ne s'égarent pas, je vais vous mettre toute la scène sous les yeux.

Il lui lut alors le procès-verbal qu'il avait dressé de la déposition de l'enfant. Alors, pour la première fois, Henri connut les détails de l'assassinat. Il vit son pauvre Georges se débattant sous le fer de deux assassins masqués et revêtus de l'uniforme d'Artois. Sa douleur fut déchirante. Ses pleurs, son désespoir touchèrent M. Radulfe.

— Assez, assez, dit Henri d'une voix entrecoupée ; je connais les assassins. L'un est le vicomte de Lormoi, l'autre le chevalier de Lavarde.

— Ah enfin ! dit M. Radulfe.

Il montra à Henri le bouton d'or et le lambeau de drap que celui-ci reconnut sur-le-champ comme appartenant à l'uniforme d'Artois.

— Voilà bien des indices, ajouta M. Radulfe, mais ce ne sont pas là des preuves. Si seulement on avait la redingote d'où ce lambeau a été arraché, et s'il était reconnu qu'elle appartînt à l'un de ces deux Messieurs, ce serait un grand pas de fait. Alors la justice pourrait obtenir la satisfaction qui lui est due et qu'elle attend.

Pendant que M. Radulfe parlait, Henri paraissait réfléchir profondément. — Vous voulez venger la société, moi, je veux venger un ami ; et, soyez-en bien sûr, mon zèle n'est pas moins ardent que le vôtre. Je ne sais encore ce que je ferai ; mes idées sont si confuses ! Et cependant quelque chose me dit que le crime ne restera pas impuni.

Henri, en quittant M. Radulfe, qui demeurait rue de Geôle, entra dans l'église Saint-Pierre. Il avait besoin de se recueillir pour prendre un parti définitif. En entrant dans ce bel édifice, aux riches et élégantes proportions, où sont écrits sur la pierre le génie et la persévérance de nos aïeux, il se trouva plus fort, plus confiant en lui-même; il ressentit cette espèce de communication avec Dieu, que toutes les âmes tendres et à convictions profondes éprouvent dans ces temples où la majesté de la religion catholique se déploie avec une si grande puissance. Son imagination s'exalta; il se crut devenu en quelque sorte le ministre des vengeances divine et humaine. Il courba son front sur la pierre du sanctuaire, et là il fit le serment à Dieu, à ce Dieu qui seul l'entendait, de se consacrer entièrement à l'œuvre méritoire de découvrir et de faire punir les assassins de son ami. Alors sa mémoire lui rappela les circonstances de sa mort dont il venait d'entendre le lugubre récit. Oh! que sa voix fut éloquente en demandant à Dieu la rémission des fautes de cet ami ! Que ses larmes furent sincères ! C'est dans ce tendre et pieux langage, sans doute, que les anges invoquent la miséricorde divine en faveur des âmes dont la garde leur est confiée.

En sortant de l'église Saint-Pierre, il n'avait plus le désespoir amer qu'il y avait apporté. Des idées plus douces s'étaient fait jour dans son âme. Il descendit la rue Saint-Pierre, et entra chez M. Dubourg. Marianne n'était pas au comptoir. Le marchand le reçut ; son front était soucieux, et il semblait hésiter entre la colère et la pitié. L'assassinat de dom Georges, l'émeute dont Henri avait été l'âme, c'était beaucoup trop pour un esprit habitué à des idées d'ordre, pour une âme façonnée aux mœurs simples et paisibles du foyer domestique.

— Eh ! monsieur, serai-je donc toujours exposé à n'apprendre que des choses douloureuses des personnes qui me sont chères ? Au meurtre infâme d'un parent, d'un ami, a succédé la turbulence d'un jeune révolté. Sont-ce là les consolations qu'il vous convenait d'apporter à ma famille ? Que voulez-vous que j'annonce à votre père ?

— Il est vrai, monsieur, qu'une suite d'événemens malheureux et imprévus est venue m'accabler, mais les motifs qui m'ont fait agir me vaudront peut-être votre indulgence.

— L'indulgence ! répondit le marchand ; je crois que vous en avez effectivement besoin, et d'autant plus que les avertissemens ne vous ont pas manqué.

— Je sais, monsieur, que vous avez été très bon pour moi, et c'est ce qui m'a engagé à prendre la liberté de venir vous faire mes adieux, ainsi qu'à ma cousine.

M. Dubourg n'était pas aussi méchant qu'il voulait le faire croire, et ce mot d'adieux sonna désagréablement à son oreille. Son ton se radoucit. Il tendit la main à Henri : Je reçois vos adieux ; quant à votre cousine, elle est là, dit-il, en lui montrant le cabinet qui était séparé du magasin par une cloison vitrée.

Henri profita de la permission qu'on paraissait lui donner et entra. Marianne était assise auprès du feu dans un grand fauteuil. A côté d'elle était une petite table qui soutenait sa main sur laquelle reposait sa jolie tête. Elle dormait. — Du feu dans le mois de juin ! dit Henri ; eh ! bon Dieu ! ma cousine, vous êtes donc malade ?

Marianne se réveilla en sursaut, et vit devant elle celui qui depuis plusieurs jours avait constamment occupé sa pensée. Elle retira vivement sa main que Henri voulait prendre : — En vérité, Henri, vous m'avez fait peur.

Après un moment de silence, elle ajouta : Qu'avez-vous fait depuis huit jours? En même temps elle le regardait, et ses grands yeux bleus animés par la fièvre semblaient vouloir lire au fond de son cœur. — Moi, ma cousine... Mais, ne vous occupez pas de moi, je vous en prie. Vous êtes malade, ne pensez qu'à vous. Et il approchait sous les pieds de sa cousine un petit tapis, s'assurait que les portes étaient bien fermées, et que l'air extérieur ne pouvait pénétrer.

Marianne parut prendre quelque plaisir à ces

soins empressés ; elle mit une de ses mains sur son front, et l'on voyait les larmes couler à travers ses doigts et tomber le long de son bras. Ensuite, comme si elle se fût reproché cet accès de sensibilité, elle reprit la parole d'une voix plus ferme :

— Il est donc vrai, Henri, que vous vous êtes fait renvoyer de l'Université, et que, si on n'avait pas usé d'indulgence, vous pouviez être puni plus sévèrement encore.

— Il est vrai que le tribunal du recteur m'a condamné ; mais, je vous le jure, Marianne, à vous que j'aime (Marianne tressaillit, c'était la première fois qu'un pareil langage frappait son oreille), même en ce moment où je crains de perdre l'amitié de votre père, la vôtre, peut-être, il m'est impossible de me repentir de ce que j'ai fait.

— L'amitié de dom Georges vous a été bien fatale !

— Et pourtant je le regrette, Marianne ; car il était bon, généreux et dévoué. Je ne veux pas excuser quelques écarts que vous devez ignorer; mais pouvais-je oublier qu'il aurait donné sa vie pour moi, qu'il m'aimait comme un frère? Aussi je n'ai point balancé à faire à sa mémoire le plus grand des sacrifices. Écoutez-moi, Marianne, et croyez à mes paroles comme si je devais paraître dans une heure, dans un instant devant Dieu : je vous aime de toutes les forces de mon âme.

En ce moment, la pauvre jeune fille serra convulsivement le bras de son fauteuil; elle se sentait défaillir.

Henri continua : J'espérais vous obtenir de votre père; et alors, Marianne, que la vie eût été douce et belle pour moi! Mais pour lui plaire il fallait déserter la cause d'un ami. Eh bien! Marianne, je ne l'ai point fait; car j'ai voulu rester digne de vous.

Ces mots firent palpiter de joie, de bonheur et d'orgueil le cœur de la noble fille. Henri, Henri! dit-elle en le regardant avec un air de tendresse indicible; et puis tout-à-coup se reprenant, et portant la main à son front brûlant : partez, dit-elle.

CHAPITRE DIX-NEUVIÈME.

Caritas Christi urget me.
La charité du Christ me dévore.
Apôtre S. Paul.

Henri quitta précipitamment Marianne. Dès qu'il fut dans la rue sans témoins, sa douleur éclata. Les larmes les plus amères qu'il eût encore versées inondèrent son visage. Le souvenir de Marianne, celui de dom Georges, le serment qu'il avait fait dans l'église Saint-

Pierre occupaient tour à tour sa pensée. Il ne se dissimulait pas les dangers de la résolution qu'il avait prise. Marianne perdue pour lui ; tous ses rêves d'ambition anéantis : telles étaient les conséquences de la vengeance qu'il méditait ; mais, d'un autre côté, comment pardonner à de lâches assassins ; comment laisser impunie la mort d'un ami aussi dévoué que dom Georges ? Toutes ces idées se présentaient à la fois à son esprit, et lui causaient d'insupportables angoisses.

En arrivant chez lui, il trouva la porte de sa chambre entr'ouverte. Un moine était assis auprès de la fenêtre, et avait la figure cachée dans ses mains. Au bruit que fit Henri, il leva la tête. C'était dom Ribard. Les traits du bon moine exprimaient tout à la fois la bonté compatissante et une profonde tristesse.

C'est vous, dit Henri. Ah ! qu'il vous sied bien de venir au secours des affligés. — Pauvre jeune homme, répondit dom Ribard, quelle rude épreuve vous avez subie ! Et Georges, Georges ! Un prêtre ! Pitié ! mon Dieu, pitié !

Ces mots renouvelèrent toutes les douleurs de Henri, qui pressa les mains de dom Ribard en fondant en larmes.

Il se fit un silence de quelques minutes. Enfin dom Ribard, surmontant son émotion, reprit la parole :

— A la première nouvelle des troubles qui avaient eu lieu sur la place Saint-Sauveur, et de la part que vous y aviez prise, j'avais deviné les fâcheuses conséquences qui pourraient en résulter pour vous. Dom Menilgrand, à ma prière, est allé voir monseigneur l'archevêque de Narbonne, qui heureusement est encore à Caen. M. de Dillon avait promis de s'employer auprès du recteur et des autorités de l'Université, pour faire rapporter l'arrêté qui vous avait exclu des cours : il l'a fait. Vous connaissez son crédit, et néanmoins je dois vous avouer qu'il n'a pas complétement réussi. Il sera nécessaire que vous fassiez un acte de soumission, en vous éloignant pendant quelque temps de cette ville. Quand l'irritation sera calmée, quand les haines seront en partie éteintes, vous reviendrez, et ce sera bientôt, j'espère. Alors, nous nous reverrons, nous reparlerons de dom Georges, nous implorerons pour lui la miséricorde divine, et peut-être que nos prières et nos larmes trouveront grâce devant Dieu.

— Je reconnais bien là, répondit Henri, l'inépuisable bonté de l'ami de dom Georges ; mais je crains bien de ne pouvoir revenir à Caen. Un autre soin me préoccupe.

Dom Ribard regarda fixement Henri :

— Que méditez-vous ? J'espère que vous ne pensez pas à provoquer M. de Lormoi.

— Un duel, répondit Henri d'un air de mépris, un duel avec un assassin ! Oh non ! ce n'est pas de ma main qu'il doit mourir.

— Mais alors, que prétendez-vous faire ? — Henri ne répondit pas.

— Que Dieu veille sur vous, mon enfant, dit le saint moine en se levant ; mes prières vous suivront. Puissent-elles détourner de vous les malheurs que je prévois !

CHAPITRE VINGTIÈME.

> Les traits du meurtrier se chargent de pâleur,
> Dans tout son corps s'agite un frisson de stupeur.
> MOLLEVAUT, *Mort d'Abel*.

La décision du tribunal du recteur fut jugée diversement dans la ville de Caen. Les anciens bourgeois de la ville qui, ainsi que le père de Marianne, étaient habitués de tout temps à considérer les décisions de l'Université comme la raison écrite, ne se permirent aucune réflexion, et trouvèrent que Henri était justement puni. Parmi les jeunes avocats, et dans les hautes sociétés de la ville, elle fut généralement blâmée.

Ainsi, disaient ces derniers, ce noble jeune homme est renvoyé de l'Université pour avoir montré trop de dévouement à la mémoire de son ami, et un zèle trop ardent à rechercher les auteurs d'un crime abominable. On s'entretenait avec admiration de l'audace et de la fermeté qu'il avait montrées contre le régiment d'Artois, quand, au péril de sa vie, il avait exigé le départ de ce régiment. On se racontait comment, sur la place Saint-Sauveur, il se tenait fièrement l'épée à la main, à la tête de ses camarades, quand de l'autre côté de la place se trouvait le régiment d'Artois, aussi nombreux, mieux armé, et commandé par un colonel et des officiers expérimentés.

Tous ces discours arrivaient aux oreilles de Marianne et de son père, et plaidaient fortement la cause de Henri. Le marchand disait déjà qu'il pouvait bien avoir été puni trop sévèrement. Quant à Marianne, depuis l'aveu qu'il lui avait fait de son amour, elle n'avait de pensée que pour lui, elle ne vivait que pour lui.

Avec quel bonheur elle voyait son père revenir à des sentimens plus doux, et s'accuser lui-même de trop de dureté! Ah! que Henri n'était-il là pour entendre les reproches qu'elle se faisait à elle-même, et essuyer les douces larmes que la perspective encore éloignée de leur union faisait couler quelquefois!

Mais Henri n'avait point reparu. Depuis deux jours, il avait quitté la ville de Caen pour se conformer à la décision de l'Université, et on ignorait de quel côté il avait tourné ses pas. On savait seulement qu'il avait écrit à son père; qu'il lui avait adressé ses malles; mais qu'au lieu de suivre la même route, il était sorti de Caen par la porte de Bayeux.

Nous retrouvons Henri dans une auberge du faubourg Saint-Vigor à Bayeux, où il venait d'arriver. Son premier soin fut de faire à sa toilette les changemens indispensables. Il se donna pour un jeune homme destiné par ses parens à l'état ecclésiastique, et qui allait entrer au séminaire de Bayeux. Il fit couper en rond ses beaux cheveux qu'il portait suivant la mode du temps, longs et crêpés, et fit enlever la poudre dont ils étaient couverts. Il adopta ensuite cet habillement mi-parti du laïque et de l'ecclésiastique qui annonçait sa destination. Tous ces changemens faits dans une matinée, l'avaient rendu à peu près méconnaissable, excepté pour un œil habitué à le voir, ce qu'il ne craignait pas de rencontrer à Bayeux.

Ces préliminaires terminés, il se sentit plus libre, plus sûr de lui-même, et put réfléchir avec calme et sang-froid, au but qu'il voulait atteindre, et aux moyens d'y parvenir.

Le perruquier qui avait arrangé ses cheveux, et qui était bavard comme les gens de sa profession, lui rendit compte de tout ce qui existait de remarquable à Bayeux ; et, prenant pour point de départ la cathédrale, qui est un des beaux monumens de la basse Normandie, il arriva, après beaucoup de circonlocutions, au dernier événement qui avait causé une sensation profonde dans la ville, l'arrivée du régiment d'Artois chassé de Caen par les écoliers de l'Université.

— Ce n'est pas au reste un mal pour la ville, poursuivit l'intarissable perruquier, car il y a dans le régiment d'Artois un grand nombre d'officiers riches. Ils feront nécessairement de la dépense, et jetteront beaucoup d'argent dans la ville. Moi-même, dans ma sphère très circonscrite, je ressens déjà la douce influence de cette atmosphère d'argent; car j'ai en ce moment huit à dix têtes d'officiers à adoniser tous les matins. Au nombre de ces officiers, le perruquier cita le vicomte de Lormoi et le chevalier de Lavarde.

En continuant à faire jaser l'obligeant perruquier, rien ne fut plus facile à Henri que d'apprendre où les deux officiers demeuraient, et dans quel hôtel ils prenaient leurs repas. Son champ de bataille se trouvait dès lors assigné. En conséquence, le jour même il quitta le faubourg Saint-Vigor, et alla prendre une chambre à l'hôtel de l'Image-Saint-Pierre situé auprès de la cathédrale. C'était là que demeurait le chevalier de Lavarde; quant au vicomte de Lormoi, il avait loué une chambre garnie dans une maison voisine; mais il venait prendre ses repas à l'Image-Saint-Pierre.

La présence de Henri à la table d'hôte de l'Image-Saint-Pierre ne causa aucune sensation, tant on était habitué à voir dans Bayeux des personnes avec l'habit de séminariste.

A l'heure du dîner le chevalier de Lavarde descendit de sa chambre dans laquelle il se tenait ordinairement renfermé. Henri, qui ne l'avait vu que deux ou trois fois, le reconnut; mais il fut surpris du changement que quelques semaines avaient apporté à sa figure. Cet homme si poli, si élégant, aux manières si gracieuses, paraissait vieilli de plusieurs années. Sa mise négligée, ses cheveux en désordre, son teint plombé, sa démarche chancelante annonçaient une souffrance physique, ou peut-être la présence trop réelle d'un affreux chagrin.

Il se trouva placé à table en face de Henri. L'attention avec laquelle ce dernier l'observait et suivait tous ses mouvemens le fatiguait et l'inquiétait. Il l'examina à son tour. L'habit de séminariste dont était revêtu Henri parut le tranquilliser et lui inspirer de la confiance.

Après le dîner, il chercha à entamer la conversation avec Henri. Sa voix douce et mélancolique attendrit le jeune étudiant qui se reprocha intérieurement de ne pas éprouver pour lui cette haine vigoureuse qu'il croyait devoir aux assassins de Georges. Ils étaient passés dans un petit jardin de plain-pied avec la salle à manger, quand le vicomte de Lormoi qui avait dîné en ville vint les rejoindre. Comme il approchait d'eux, Henri sentit aux battemens précipités de son cœur, qu'il se trouvait en présence du véritable assassin.

Le vicomte de Lormoi avançait lentement. Ses yeux étaient fixés sur Henri qu'il paraissait observer avec soin. Celui-ci soutint cet examen avec calme et fermeté. Sa position était critique; car, s'il était reconnu par de Lormoi, plus d'espoir de s'introduire dans son intimité et dans celle du chevalier de Lavarde, d'obtenir les renseignemens qu'il désirait avec tant d'avidité pour faire punir les assassins de Georges.

De Lormoi présenta la main à de Lavarde qui parut ne la recevoir qu'avec répugnance. Il salua poliment Henri dont l'habit sembla produire sur lui la même impression que sur le chevalier. Ce dernier, avant l'arrivée du vicomte, paraissait éprouver un peu de soulagement à ses maux. Il devint bientôt réservé, sombre, comme frappé d'un malaise subit.

Plusieurs des convives étant venus les rejoindre, le chevalier et le vicomte en profitèrent pour s'éloigner peu à peu de Henri qui ne cessa pourtant de les observer. Il remarqua que le vicomte de Lormoi parlait avec feu, et que le chevalier de Lavarde se contentait de l'écouter et de répondre par quelques monosyllabes. Il fut évident pour Henri que de Lormoi adressait au chevalier des questions sur lui, et qu'il était en ce moment l'objet de leur entretien. Peu à peu le pourparler devint moins vif. Après quelques mots prononcés par de Lavarde, le vicomte parut moins insister.

Tous deux revinrent vers Henri. Le chevalier paraissait excessivement fatigué du court entretien qu'il avait eu avec le vicomte, et essuyait avec son mouchoir son front couvert de sueur.

Le lendemain, les deux officiers dînèrent à l'hôtel. Un des convives, arrivé le même jour de Caen, avait assisté à la dernière publication du monitoire lancé par suite de l'assassinat du cordelier et d'Eugénie Salmon. Il en rapporta toutes les circonstances avec beaucoup de feu et d'exactitude. Il avait été surtout frappé de cette particularité du dernier cierge éteint, jeté et foulé aux pieds, qui avait précédé la fulmination de l'excommunication, et il la retraçait aux yeux de ses auditeurs en homme fortement pénétré des conséquences qu'elle entraînait.

Henri était en face du vicomte de Lormoi, qui avait derrière sa chaise André occupé à le servir. Il chercha à saisir quelques impressions de remords ou de terreur sur la figure du vicomte pendant le récit du narrateur. Il ne rencontra qu'un air d'indifférence ou de mépris ; cela devait être. L'esprit philosophique, si généralement répandu parmi les hautes classes de la société, ne laissait que rarement entrée dans les cœurs aux salutaires impressions des pratiques religieuses.

Par hasard il jeta les yeux sur André. Il lui trouva la figure entièrement bouleversée. Le malheureux avait la bouche béante et les yeux attachés sur le narrateur comme par une espèce de fascination. Sa préoccupation était telle qu'il laissa tomber presque sur son maître plusieurs assiettes qu'il tenait à la main. Elles se brisèrent en mille morceaux. Au bruit, le vicomte se retourna vivement, et à l'air égaré d'André, il devina une partie de la vérité. L'imbécile ! s'écria-t-il en jurant. Oui, imbécile, dit André ; je l'ai été, mais je ne le serai plus.

En finissant ces mots, il sortit de la salle à manger ; mais il n'était pas encore arrivé à la cuisine, qu'il fut pris d'une attaque de nerfs. La plupart des convives accoururent. Le vicomte, redevenu parfaitement maître de lui, expliqua aux personnes présentes que ce garçon était d'une sensibilité excessive, et que la crainte d'avoir mérité les reproches de son maître était la seule cause de l'état où on le voyait. Il s'empressa de lui donner des soins dont on fit honneur à son excellent cœur.

Mais Henri n'avait pas perdu de vue la figure d'André depuis l'instant où son extrême pâleur l'avait frappé. Il avait remarqué, que plus le voyageur avançait dans le récit des circonstances qui avaient précédé ou accompagné la fulmination de l'excommunication, plus cette figure s'altérait, pâlissait, devenait livide. Quand le misérable André, saisi d'une attaque de nerfs, se roula sur le plancher en faisant entendre des mots inarticulés, Henri avait surpris, au milieu des exclamations qui lui échappaient, ces mots : Meurtre.... Moine.... L'oratoire.... Pont Saint-Jacques... Damnation... C'en était assez. L'épouvantable drame se déroulait tout entier à ses yeux. L'enfant avait déclaré qu'outre les deux officiers, il s'était trouvé sur le lieu de la scène une troisième personne qui avait aidé à emporter le cadavre du cordelier. Cette dernière personne était maintenant connue ; c'était **André**.

CHAPITRE VINGT-UNIÈME.

> Dieu fit du repentir la vertu des mortels.
> VOLTAIRE, *Olympie,* acte II, scène 2.

Henri n'était pas le seul qui eût remarqué les expressions sorties de la bouche d'André. Elles n'avaient pas échappé au vicomte de Lormoi, qu'elles avaient rempli d'une profonde terreur. Dès le lendemain, il résolut d'éloigner ce domestique indiscret. Malgré son dévouement, il pouvait lui devenir dangereux, car c'était un de ces caractères dans lesquels la cruauté n'est égalée que par la superstition. M. de Lormoi supposa donc quelques réparations urgentes à faire à son château, et il le fit partir avec une lettre pour l'intendant. Il prescrivait à ce dernier de garder pendant plusieurs mois André dont la tête était affaiblie, et qui avait besoin d'ignorer son état. Il lui recommandait en même temps la plus grande discrétion, se réservant de décider plus tard à son prochain voyage à sa terre du sort définitif d'André.

Pour l'instant, un soin plus pressant l'occupait. La santé du chevalier de Lavarde déclinait avec une rapidité qui permettait déjà d'assigner le terme prochain de sa vie. Le chevalier se mourait victime du machiavélisme infâme du vicomte de Lormoi.

De son côté, ce dernier n'était pas sans inquiétudes. A cette époque, on croyait encore à un Dieu rémunérateur et vengeur. Les dogmes de l'Église catholique, bien que sapés par l'esprit philosophique, étaient prêchés avec conviction et trouvaient accès dans quelques cœurs. Le chevalier de Lavarde y avait foi. Cette idée consolante, que les plus grandes fautes peuvent être rachetées par un repentir sincère, le suivait jour et nuit et adoucissait l'amertume de sa position. Il sentait qu'il n'était pas né méchant; il déplorait cette malheureuse faiblesse de caractère qui l'avait courbé sous le joug du vicomte, et espérait, à force de douleurs et de larmes, désarmer au moins en partie la vengeance divine.

Déjà plusieurs fois il avait songé à déposer ses remords dans le sein d'un prêtre. Il voulait se préparer à ce terrible passage devant lequel recule l'orgueilleuse incrédulité, et que franchissent intrépidement la faiblesse et l'innocence soutenues par les secours de la religion.

Le vicomte voyait avec anxiété cette disposition d'esprit du chevalier. A ses yeux, la discrétion du sacerdoce était aussi douteuse que l'efficacité de la pénitence; il résolut donc d'empêcher toute communication avec un prêtre. Ne voulant point de tiers dans la connaissance de leurs crimes, il ne quittait plus le chevet du malade, cherchait à ranimer son courage par quelques vives plaisanteries, et le flattait d'une guérison prochaine. Tous les lieux communs d'impiété dont l'esprit philosophique avait farci la plupart des écrits du dix-huitième siècle furent exploités avec une adresse perfide.

— En vérité, mon cher chevalier, je croyais presque que vous vous prépariez à quitter l'habit militaire pour le froc, et je cherchais à deviner votre tournure quand vous auriez caché cette taille élégante, ces yeux qui ont dit tant de choses aux femmes, ces cheveux si bien parfumés sous la robe d'un sale capucin. Que diraient les belles dames de la cour? N'entendez-vous pas leurs tendres plaintes, leurs cris de désespoir?

Le chevalier ne répondit point, mais un faible sourire parut sur ses lèvres décolorées.

Le vicomte poursuivit après un court silence :

— J'ai peine à vous concevoir. Vous, que j'ai vu insensible sur un champ de bataille couvert d'un tas de pauvres diables qui, au demeurant, ne vous avaient jamais offensé, et que vous aviez fait tuer bel et bien par ces animaux stupides qu'on appelle des héros, vous voilà désespéré d'avoir participé à la correction sévère, il est vrai, que j'ai donnée au misérable moine qui vous soufflait votre maîtresse.

— Appelez-vous correction, dit le chevalier à demi-voix, un lâche assassinat?

— Quand nous avons pénétré dans la chambre, le cordelier pouvait être armé; le danger existait donc pour nous. C'était une lutte, un duel à mort, et deux balles dirigées d'une main ferme auraient bientôt fait pencher la balance en faveur de l'ennemi.

— Plût au ciel!

— Ma foi, non. Vous connaissez le proverbe: Il vaut mieux tuer le diable...

— Oui, mais cette malheureuse fille!...

— Ventrebleu, quelle commère! Vous souvenez-vous comme elle vous serrait le cou? Il était temps que j'arrivasse à votre secours. Vous tourniez les yeux comme un isard tombé entre les pattes d'une ourse.

C'est par de semblables discours que le vicomte de Lormoi cherchait à étourdir son malheureux ami sur sa position. Quand il croyait avoir réussi, sa figure, ses regards, ses gestes exprimaient alors un air d'ironie et de mépris que la force de ses douleurs empêchait seule le chevalier d'apercevoir.

De Lavarde n'avait plus d'autre promenade que le petit jardin de l'hôtel dont il faisait plusieurs fois le tour, appuyé sur le bras d'un domestique. Il y rencontra Henri dont le costume et surtout l'air doux et prévenant lui avaient déjà inspiré de la confiance.

Un jour qu'ils se promenaient, le chevalier fut pris tout-à-coup d'une faiblesse ; il serait tombé si Henri ne l'avait soutenu pendant que le domestique courait chercher des secours. Quelle inexplicable bizarrerie ! Henri tenir dans ses bras un des assassins de Georges, lui donner des soins, et sentir malgré lui se glisser dans son cœur la pitié pour ce malheureux.

Le chevalier revint à lui, et remercia Henri en le priant de le conduire jusqu'à sa chambre.

Le domestique accourait en ce moment avec plusieurs gens de l'hôtel, mais le chevalier ne voulut accepter d'autre bras que celui de Henri. En arrivant à son appartement, de Lavarde se laissa tomber d'épuisement et de douleur dans un fauteuil placé près de la fenêtre d'où l'on découvrait de beaux herbages arrosés par la Seulle. Le soleil se couchait dans un ciel sans nuages, et ses derniers rayons se reflétaient sur le visage pâle et amaigri du chevalier.

Il fit un effort pour se lever et retomba. Son domestique lui proposa de le soutenir. Sur un geste de refus, il sortit.

Le chevalier pria Henri de s'approcher plus près de lui.

— Je vais mourir, lui dit-il. Êtes-vous prêtre ou dans les ordres?

— Non, répondit Henri.

— Croyez-vous du moins qu'un repentir sincère puisse effacer un crime abominable?

— La religion nous l'enseigne.

— Regardez-moi donc, poursuivit-il en fixant sur Henri ses yeux hagards; ne voyez-vous pas sur mes mains des taches de sang ? Et il lui montrait ses mains pâles et décharnées.

Henri recula involontairement.

— Ah ! je vous fais peur ; vous avez raison, car je suis un assassin.

En disant ces mots, il se leva à demi de son fauteuil, s'approcha de l'oreille de Henri et continua :

— Oui, assassin d'un prêtre et d'une femme.

Il retomba sur son fauteuil, et une sueur froide inonda son front.

Oh ! que ne puis-je, au prix du sacrifice de mille vies, racheter la leur ! Mais ce n'est pas moi... Je ne voulais pas... Un autre... et pourtant la malédiction de Dieu a puni mon indigne faiblesse et m'enlève de ce monde à vingt-sept ans. Oh ! priez, priez pour moi.

En ce moment Henri se sentit à la hauteur du ministère sacré qu'on réclamait de lui. Le repentir si vrai de ce malheureux lui fit oublier un instant toute idée de vengeance.

— Eh bien donc ! homme coupable, s'écria

Henri, en se levant de toute sa hauteur, fléchis le genou devant ce Dieu qui t'a vu et qui t'entend.

Le chevalier tomba, les mains et le front attachés à la terre.

Henri continua : — Ton crime a été grand, puisse ton repentir l'effacer ; puisse le pardon que je t'accorde ici, au nom de tes victimes, car je n'ai point mission de te l'accorder au nom de Dieu, être ratifié dans le ciel !

Hélas ! poursuivit Henri à demi-voix, dom Georges aussi a besoin de pardon. Oh ! mon Dieu, tu vois ce que je fais.

Le chevalier leva les yeux au ciel pour l'implorer encore ; mais la commotion avait été trop forte, les faibles ressorts qui l'attachaient à la vie étaient brisés. Il pressa la main de Henri, l'approcha de ses lèvres, puis s'éteignit pour toujours.

CHAPITRE VINGT-DEUXIÈME.

> Je marcherai sur la pointe du pied ; j'armerai mon œil de prudence, mon cœur de courage et mon bras de mon épée, comme celui qui se hasarde dans l'antre d'un lion.
>
> *Ancienne comédie espagnole.*

Le surlendemain Henri se promenait seul dans le jardin de l'hôtel. Il pensait au chevalier de Lavarde auquel on avait fait le même jour de magnifiques obsèques.

Infortuné qui fus criminel par faiblesse, disait de Nollent, que Dieu te reçoive dans sa miséricorde ! Mon inimitié ne te poursuivra pas au-delà de la tombe. Ton repentir m'a désarmé. Quant à l'autre !...

Comme il disait ces mots, il vit venir à lui le vicomte de Lormoi. L'aspect d'un reptile venimeux n'aurait pas produit sur lui une plus vive impression. Le vicomte ne parut pas s'en apercevoir, et remercia Henri des soins qu'il avait donnés au chevalier de Lavarde, mort dans ses bras. Toutefois, il attachait des regards pénétrans sur Henri, qui dissimulait mal l'horreur que sa présence lui inspirait.

Un homme aussi habile que le vicomte aurait dû deviner la haine profonde de de Nollent, quelque soin que ce dernier mît à la cacher; mais une seule idée le préoccupait en ce moment. Le chevalier avait-il fait quelques révélations avant de mourir? Voilà ce qu'il lui importait surtout de savoir. Il résolut de s'en assurer.

— Eh bien! dit-il à Henri, voilà donc le chevalier parti pour le grand voyage. Il a dû beaucoup souffrir, et je le trouve heureux dans son malheur d'avoir eu un homme de votre caractère pour l'assister à ses derniers momens.

— C'était mon devoir, répondit Henri d'un ton grave. Malheureusement les principaux secours de la religion lui ont manqué, car je ne suis point prêtre et je n'ai pu lui donner que des consolations.

— Ainsi, il ne s'est pas confessé, dit le vicomte, en appuyant sur ce mot. Bah! il a aussi bien fait. A notre dernière heure, quand nous sommes affaiblis par le mal, nous ne pouvons guère faire entendre que des mots sans suite et des divagations.

— Je ne partage point votre avis, dit Henri : à cette heure suprême, la Providence nous accorde presque toujours quelques momens lucides pour nous reconnaître et revenir sur notre vie passée. Il n'est pas rare de voir les malades recouvrer alors toute leur raison ; c'est ce qui fait que, dans tous les temps, on a attaché de l'importance et de la gravité aux paroles des mourans.

Malgré son flegme habituel, le vicomte fut

un peu déconcerté et parut réfléchir profondément. Il continua :

— Cette mort m'afflige d'autant plus, que le chevalier ne me quittait jamais. Il écrivait facilement, avait de l'instruction, en un mot, possédait les avantages qui me manquent, et il était très commode de trouver un secrétaire dans un ami.

Ici le vicomte s'arrêta et jeta un coup d'œil à la dérobée sur Henri, qui paraissait écouter avec assez d'indifférence. Il poursuivit :

— J'ai reçu hier la nouvelle de la mort de mon père. Il me laisse une grande fortune et le titre de comte, ce qui me fait sentir plus vivement les inconvéniens d'une éducation négligée. Je vous avoue que je serais très heureux d'avoir près de moi un homme de votre talent et de votre caractère, beaucoup plus en qualité d'ami qu'en qualité de secrétaire.

— Henri fut étonné de cette proposition. Il se l'expliqua bientôt par le désir du comte d'avoir toujours sous sa main l'homme qu'il soupçonnait de connaître une partie de son secret.

Il répondit à M. de Lormoi qu'il aurait quelque peine à se décider ainsi à entrer dans une nouvelle carrière.

— Cela ne changerait rien à vos projets, et si vous persistiez à devenir prêtre, je pourrais, par ma famille et mes amis, vous faire parvenir aux dignités de l'Eglise. Quelle que soit la modération de vos désirs, ajouta-t-il en souriant, il est plus agréable de commander que d'obéir, et, pour monter à une position honorable, l'air de la cour est préférable à l'air du séminaire. J'ai déjà obtenu du colonel un congé pour un temps qui, probablement, se prolongera d'une manière indéfinie, et si vous acceptez mes offres, nous irons incessamment nous installer dans mon hôtel à Paris.

Pendant que le comte parlait, Henri réfléchissait. Il trouvait dans sa proposition le seul moyen peut-être d'atteindre le but vers lequel il marchait d'un pas si déterminé, la vengeance de la mort du cordelier. D'un autre côté, il ne se dissimulait pas le danger qu'il aurait à courir de la part d'un homme tel que de Lormoi, c'était un danger de mort; mais Henri était ferme et intrépide. Sa haine contre lui s'était encore accrue de toute la pitié qu'il avait éprouvée pour de Lavarde. Les humiliations, les contrariétés, les ennuis de tout genre qui l'attendaient auprès du comte lui parurent un sacrifice à faire à la mémoire d'un ami, une nécessité de la tâche qu'il avait entreprise. Il accepta.

Voilà donc Henri de Nollent installé, en qualité de secrétaire, sous un nom supposé, chez le comte de Lormoi. Il y trouva André qui était revenu subitement de Picardie annoncer au comte la mort de son père. De Lormoi, qui l'avait vu remis de l'émotion profonde occasionnée par le monitoire, n'avait pas été fâché de son retour. Pour un homme de ce caractère, il était important d'avoir sans cesse sous la main un intrument fidèle, impassible et dur comme l'acier. Il trouvait ces qualités réunies chez André. Il le garda donc avec lui pour s'en servir au besoin.

C'était un singulier caractère que celui d'André. Méchant, dissimulé, superstitieux, cruel, il n'avait qu'une seule vertu au monde, mais il la possédait à un haut degré, c'était un attachement inaltérable pour son maître. Il était né dans le village dont les comtes de Lormoi étaient seigneurs depuis un temps immémorial et fils d'un de leurs fermiers. Les premiers mots qu'il avait entendu prononcer étaient des actes de soumission, de respect et de dévoûment envers les puissans seigneurs de Lormoi. Il avait sucé ces principes avec le lait; ils étaient devenus en quelque sorte sa religion, sa vie. Nos pères se souviennent encore de ce qu'était, dans les campagnes, où les idées nouvelles n'avaient pas pénétré, la toute-puissante influence des seigneurs. Il en était résulté chez André, qui, d'ailleurs, n'avait reçu d'autre éducation que celle des champs, une abnégation complète de sa volonté; dès qu'un de Lormoi lui donnait un ordre, il fallait que cet ordre fût exécuté. De tels caractères sont susceptibles de grandes choses, quand ils sont bien dirigés; mais, par une conséquence toute naturelle, ils peuvent se porter aux plus grands excès s'ils reçoivent une impulsion contraire.

Il vit avec quelque peine Henri établi chez son maître comme secrétaire. Il ne considéra en lui qu'un homme pouvant lui enlever une partie des bonnes grâces de son maître, et il arriva promptement à le détester. On s'aperçut bientôt de cette disposition. Henri s'en soucia peu ; le comte s'en applaudit : car c'était pour lui une garantie de l'exacte surveillance qui pèserait sur Henri.

André était homme de ménage, et aimait à remuer, à changer, à remettre en place. Il n'était pas fâché non plus de faire de temps en temps sentir à son maître l'utilité de ses services. Il ne manqua donc pas de trouver que, pendant sa courte absence, tout avait été négligé dans l'appartement. Il profita d'un jour, où le comte était allé seul dans un château voisin, pour faire une revue générale dans la toilette de son maître. Le voilà donc ouvrant les malles, brossant, nettoyant et remettant en place.

Henri travaillait dans un cabinet au rez-de-chaussée, placé précisément au-dessous de la chambre du comte. Il s'impatienta du bruit qu'on faisait au-dessus de sa tête, et monta pour modérer le zèle d'André. Quand il arriva dans la chambre tous les habits étaient étendus sur les fauteuils. Un rapide coup d'œil convainquit bientôt Henri que celui auquel devait manquer le bouton d'or ne s'y trouvait pas.

— En vérité, André, j'admire votre esprit d'ordre et de propreté; je trouve seulement qu'il s'exprime d'une manière un peu trop bruyante.

— Ah! ah! M. Henri, vous voudriez peut-être que cette brosse ne fît pas plus de bruit qu'une plume. Vous êtes bien heureux de rester toujours assis sur une chaise; cela ne vous cassera pas les reins.

Pendant qu'André parlait, Henri jetait les yeux dans la chambre. Il aperçut, dans le bas d'une armoire, une large cassette entourée de quelques cercles de fer. Un de ces pressentimens, qu'on appellerait presque des avertissemens de la Providence, jeta dans son esprit un vague soupçon que cette cassette pouvait renfermer l'objet de ses recherches. Il résolut sur-le-champ de s'en assurer, et continua la conversation.

— Nous avons chacun notre genre de travail, André ; seulement si j'étais à votre place, je ne voudrais pas faire les choses à demi.

— Comment à demi? dit André d'un air fâché.

— Sans doute, vous avez oublié les habits qui sont dans cette cassette.

— Tiens, répondit André, justement la clef y est. C'est drôle ; car mon maître ne l'y laisse jamais.

Il s'approcha de l'armoire, en ôta la cassette et l'ouvrit avec cet air de curiosité maligne qui faisait le fond de son caractère. Il en tira une redingote d'officier qu'il déploya. Une sueur froide coula à l'instant du front de Henri : il venait d'apercevoir un vide à la hauteur de la poitrine. Un bouton d'or et une partie du drap manquaient. Les mains d'André s'agitèrent convulsivement ; car il avait aussi reconnu la redingote, mais à une large tache de sang qui était sur le devant. Il la replia vivement en disant : C'est un vieil habit oublié là depuis long-temps. Après un instant de silence, il ajouta : M. de Lormoi aurait agi bien plus sagement en me donnant cette guenille pour m'en faire une veste.

Il referma la cassette, et, selon son habitude, jeta un regard furtif sur Henri. Mais ce dernier avait eu le temps de reprendre son sang-froid ; et, quand l'œil fauve d'André se dirigea sur lui, il affecta un air d'indifférence que démentait toutefois la pâleur de son visage.

Il était à peine sorti de la chambre, qu'André se frappa le front en disant : Qu'avais-je besoin de toucher à cela ? Il faut que la redingote disparaisse, car elle nous jouerait un mauvais tour ; mais comment avouer à mon maître que j'ai ouvert la maudite cassette ?

CHAPITRE VINGT-TROISIÈME.

> Ce pouvoir souverain que la foule m'envie
> Fera peut-être un jour le malheur de ma vie.
> CORNEILLE.

L'année 1786 fut une année de bonheur et de fêtes pour la Normandie. Le port de Cherbourg commençait à prendre rang parmi les ports les plus considérables de France; et bien qu'il n'eût pas encore acquis cette importance que depuis lui ont donnée les admirables travaux exécutés par l'empereur Napoléon, on pouvait déjà prévoir ce qu'il serait un jour.

C'est ce qui détermina le roi Louis XVI à y faire un voyage pour donner au corps des ingénieurs de la marine, qu'il affectionnait particulièrement, une preuve de sa haute satisfaction, et en même temps presser des travaux dont une guerre imminente avec l'Angleterre démontrait l'urgence.

La France était belle à cette époque; les honteuses saturnales qui avaient signalé la fin du règne de Louis XV étaient oubliées, ou, si l'on s'en souvenait encore, c'était pour les comparer aux vertus modestes de son successeur qui en recevaient un nouvel éclat. Louis XVI était aimé; et la fidèle Normandie surtout, ce plus beau fleuron de sa couronne, recherchait avec avidité toutes les occasions de signaler son vieil amour pour ses rois.

C'est dans ces circonstances que la nouvelle du prochain voyage du roi à Cherbourg se propagea rapidement dans toutes les villes qu'il devait traverser, et fut accueillie avec transport par les populations. Les grands seigneurs du royaume qui possédaient des châteaux en Normandie, à peu de distance de la route de Cherbourg, s'empressèrent de solliciter l'honneur d'y recevoir le souverain. Ce fut une grande faveur pour ceux dont les offres furent accueillies, et aucun n'y fut plus sensible que le vieux maréchal d'Harcourt auquel le roi annonça qu'il voulait aller séjourner au moins vingt-quatre heures dans son château d'Harcourt. Les ordres furent de suite donnés pour que Louis XVI y reçût un accueil digne de lui, digne aussi de l'illustre famille dont il voulait bien accepter l'hospitalité.

Le lendemain du jour de sa conversation avec André, Henri était dans sa chambre, quand le comte de Lormoi entra. Il tenait à la main une lettre qu'il paraissait lire avec une vive satisfaction : Henri, dit-il à son secrétaire, vous ferez vos préparatifs pour me suivre au château d'Harcourt. Voici une lettre d'invitation du maréchal. Il attend sous peu de jours la visite du roi, qui doit honorer ce château de sa présence en allant à Cherbourg; et le noble maréchal veut lui préparer une réception digne de lui en l'entourant de la principale noblesse de la province. Quoique j'appartienne à la noblesse de Picardie, l'illustre maréchal a bien voulu me comprendre dans son invitation.

Ces derniers mots furent dits avec le ton de la vanité satisfaite. La mort du chevalier de Lavarde paraissait avoir débarrassé le comte de ses plus vives inquiétudes. La distinction flatteuse dont il était l'objet lui semblait un acheminement à de plus hautes faveurs; et, en supposant que Henri fût dépositaire de quelques révélations faites par le chevalier, il espérait bien s'élever si haut que les coups d'un si faible ennemi ne pourraient jamais l'atteindre. Il crut devoir toutefois garder encore quelques ménagemens, afin de ne rien compromettre par trop de précipitation.

Le comte de Lormoi annonça en même temps à Henri qu'ils ne reviendraient pas à Bayeux, mais qu'après le passage du roi ils se rendraient directement à Paris.

Le comte ne voulut pas retourner par Caen. Il préféra gagner Harcourt à cheval par des chemins de traverse, en se faisant suivre par ses bagages que conduisait André. On n'a jamais su dans quelle intention il voulut emporter avec lui, au lieu de la laisser à Bayeux, cette fatale redingote qui pouvait devenir un témoin muet, il est vrai, mais pourtant si redoutable contre lui. Avait-il peur de ne pouvoir la faire complètement disparaître? ou son esprit haineux et vindicatif lui donnait-il toujours un nouveau plaisir à se repaître les yeux du sang du cordelier? C'est ce qu'il serait impossible de décider.

Henri quitta Bayeux avec plaisir. Il lui semblait que le drame approchait du dénouement. Il comptait d'ailleurs fermement sur l'intelligence supérieure de M. Radulfe; et la certitude qu'il en recevrait une coopération efficace le remplissait de confiance et d'espoir.

En se trouvant près des bords enchanteurs de l'Orne, et de ce beau château d'Harcourt, berceau d'une des familles de Normandie les plus nobles et les plus riches en illustrations, Henri se sentit plein d'une nouvelle énergie. Il descendait avec le comte de Lormoi la côte de Martinbosq; à droite étaient des rochers taillés à pic, présentant çà et là des intervalles qui laissaient voir de riches campagnes couvertes de moissons et de pommiers; à gauche l'Orne coulait lentement sur un lit de gravier qu'on pouvait apercevoir à une assez grande profondeur. De l'autre côté de la rivière, s'étendait la forêt de Cinglaie, au milieu de laquelle on distinguait plusieurs villages perdus dans les bois. En face, et en suivant le cours de l'Orne, on commençait à apercevoir les tourelles du château d'Harcourt.

Sans les vives préoccupations de Henri, combien il eût admiré le riche paysage qu'il avait en ce moment sous les yeux, et dont l'effet magique paraissait se faire sentir même à l'âme sèche du comte de Lormoi.

Quant à André, toute son attention était absorbée par une nombreuse couvée de jeunes canards qui, sous la conduite de leur mère, se laissaient aller hardiment au courant de la rivière ; et il supputait combien un coup de fusil chargé de gros plomb, tiré au milieu de la couvée à la distance de trente pas, tuerait de canards.

Lorsqu'ils arrivèrent près du château, les voyageurs rencontrèrent de nombreuses voitures, et un plus grand nombre de cavaliers suivant la même direction. C'était une partie de la noblesse de Caen et des environs, qui se rendait à l'invitation du duc d'Harcourt.

Bientôt la foule devint si grande que le passage fut obstrué, et qu'on ne put avancer qu'avec la plus grande peine. Tous les paysans des environs, vêtus de leurs plus beaux habits et portant de gros bouquets, dansaient sur l'esplanade en face du château ; d'autres étaient assis à des tables dressées sur l'herbe, et voyaient cuire d'énormes pièces de viande qui devaient servir à leur repas. Derrière eux étaient rangés de nombreux tonneaux de cidre et de hautes piles de pains et de fouaces. Tout indiquait la profusion et la richesse normandes.

Devant le château était élevé un arc de triomphe, dont la forêt de Cinglaie et les jardins du château avaient fait tous les frais. Des guirlandes de fleurs entremêlées de feuilles de chêne, serpentaient autour de six jeunes ormes, principaux piliers de l'arc de triomphe, et couraient de l'un à l'autre.

Il n'y avait pour contenir la foule que les garde-chasses du maréchal d'Harcourt : ils repoussaient vigoureusement les attaques des robustes paysans ; mais quand de belles grandes jeunes filles à la taille élancée, aux yeux bleus et au cou de cygne se trouvaient à l'avant-garde en balançant gracieusement sur leurs têtes de hauts bonnets aux barbes flottantes, les garde-chasses sentaient leur résistance diminuer. La joie bruyante, les éclats de rire, les battemens de mains achevaient la défaite, et bientôt garde-chasses, paysans et paysannes confondus allaient et venaient comme les flots d'une mer agitée.

CHAPITRE VINGT-QUATRIÈME.

>   EVAIN.
> Où cours-tu si vite?
>   ROBERT.
> Voir passer le roi.
>   EVAIN.
> Quoi, le roi arrive! le roi,
> notre bon roi!
>   *Ancienne comédie.*

Le comte de Lormoi en arrivant au château fut reçu par le jeune duc d'Harcourt, car le vieux maréchal était parti dès le matin pour aller au devant de Louis XVI. L'intendant du maréchal, qui faisait l'office de majordome, le conduisit à la chambre qui lui avait été assignée à l'extrémité de l'orangerie. Il se crut obligé de s'excuser de n'avoir pas un autre appartement à offrir au comte de Lormoi. — Véritablement, monsieur le comte, nous sommes ici dans un embarras que vous comprenez. Tous les coins et recoins du château sont occupés; mes nobles maîtres sont eux-mêmes assez mal logés, ayant été obligés de laisser leurs appartemens pour le roi et les seigneurs de sa suite. Mais, en récompense, vous jouissez ici d'une vue admirable ; et, pour peu que vous soyez disposé à la mélancolie, quand la lune se lèvera sur l'horizon, et que l'air tiède de juillet sera un peu rafraîchi par les brises du soir, vous pourrez admirer à votre aise un des plus beaux sites de Normandie.

Le comte de Lormoi remercia l'obligeant intendant, mais les beautés de la nature n'étaient pas ce qui l'occupait le plus ; il voulait dans ce voyage jeter les fondemens d'une illustre alliance. Il s'occupa sur-le-champ d'ajouter, par une toilette recherchée, aux avantages extérieurs qu'il devait à la nature, et descendit au salon.

Il y trouva réunies toutes les illustrations de la province. De grands seigneurs, des abbés de haute naissance, d'anciens militaires autrefois compagnons d'armes du maréchal d'Harcourt; d'autres plus jeunes et non moins distingués, qui avaient servi d'une manière brillante dans la guerre de Sept-Ans, sous les ordres de son fils le duc d'Harcourt; des dames autant distinguées par leur naissance que par les grâces de leur esprit, et au milieu d'elles l'abbé Bouisset, précepteur des enfans du duc d'Harcourt, que la vivacité de ses reparties et ses manières respectueuses et galantes faisaient rechercher de toutes ces belles dames.

La jeune duchesse d'Harcourt fut un peu piquée de voir que l'attention de la compagnie se portait exclusivement sur un abbé d'une naissance obscure, et négligeait l'évêque de Bayeux et plusieurs hauts dignitaires de l'Eglise, qui n'obtenaient de ces belles capricieuses que quelques mots de politesse et de froides révérences.

— En vérité, l'abbé, dit-elle en s'adressant à M. Bouisset, quand vous seriez fils d'un duc et pair, vous ne pourriez attirer à un plus haut degré l'attention de ces dames. — Je me contente de ma naissance, madame, répondit M. Bouisset en riant, puisqu'elle n'a rien à envier à celle de votre illustre époux. — Vous êtes fou, l'abbé. — Non, madame la duchesse; toute la différence entre nous tient à la transposition d'une lettre. — Comment l'entendez-vous? dit la duchesse avec vivacité. — Je vais vous l'expliquer. — Et le malicieux abbé garda quelque temps le silence pour augmenter l'impatience de la duchesse.

Cette impatience commençait à être partagée par le cercle nombreux qui l'entourait, et qui ne savait comment M. Bouisset sortirait du mauvais pas où il s'était engagé. — N'est-il pas vrai que votre époux est fils d'un maréchal de France? — Sans doute, dit-elle en relevant la tête avec fierté. — Eh bien! moi, je suis fils d'un maréchal en France. Voyez à quoi tient la différence des positions, à une lettre.

Et en effet, l'abbé Bouisset était fils d'un honnête maréchal ferrant du bourg de Balleroi.

Cette explication fit beaucoup rire les assistans; et leur gaîté fut partagée par la jeune duchesse qui, malgré la hauteur habituelle de son caractère, aimait beaucoup l'abbé Bouisset.

Pendant les heures que le comte donnait aux riens gracieux de cette société brillante, Henri parcourait la riche habitation d'Harcourt. Il se trouva bientôt en présence d'une bonne et vieille connaissance, de dom Ribard. Aussitôt que le bon moine l'aperçut, il courut à lui:
— Enfin je vous revois! J'espère que cette fois vous ne me quitterez plus que je ne vous aie remis sain et sauf entre les bras de votre père. Henri lui fit l'accueil que méritait un si bon, un si vénérable ami.

— Je suis venu ici, poursuivit dom Ribard, délégué par notre couvent, pour assister à l'arrivée du roi dans notre belle Normandie, et lui présenter une petite requête de la part de mes frères, les bénédictins.

— J'ai aussi une mission à remplir, répondit Henri...

— Eh quoi! toujours des idées de vengeance! Mon ami, je vous en supplie au nom de celui qui a tant pardonné, revenez à des sentimens plus chrétiens.

— Dom Ribard, j'admire votre vertu; mais elle est au-dessus de mes forces. D'ailleurs, vous l'avouerai-je, à chaque instant du jour et de la nuit, dom Georges est là... devant mes yeux... qui semble me reprocher mon inaction. Moi! pardonner à son lâche assassin! non; ne l'espérez pas. Si encore, ajouta Henri en versant quelques larmes, j'avais surpris chez lui des traces de repentir, peut-être me serais-je laissé désarmer; mais non... Cet homme me confond par son abominable sang-froid. Tenez, poursuivit Henri en attirant dom Ribard vers une des allées du parc qui était en face du château, et lui montrant le salon où se faisaient les préparatifs pour la réception de Louis XVI, là, dans un moment, sera le meilleur, le plus vertueux des rois, entouré de tout ce qu'il y a de grand et d'honorable dans la province ; là aussi viendra se mêler le comte de Lormoi, couvert d'or et de soie, le sourire sur les lèvres, peut-être la gaîté dans le cœur. N'est-ce pas une insulte à la royauté que de permettre une pareille profanation ?

Dans cet instant un grand mouvement se fit dans l'avenue et à l'extérieur du château. La population qui affluait de tous côtés sépara les deux amis. M. Radulfe descendait de voiture ; il annonça la prochaine arrivée du roi. Cette nouvelle à laquelle on s'attendait fit néanmoins une grande sensation.

La royauté à cette époque était environnée d'une espèce d'auréole dont les fautes de Louis XV n'avaient pu entièrement la dépouiller. Et quel roi mérita jamais plus que Louis XVI, par ses vertus privées, l'amour et la vénération des peuples ? Où rencontrer des intentions plus pures, une abnégation plus complète de soi-même ? Où trouver un meilleur époux, un meilleur père, un meilleur citoyen ? Il avait ressuscité à la cour la décence.

Simple dans ses goûts, peu curieux des plaisirs bruyans, il s'occupait constamment à chercher les moyens de rendre le peuple heureux. Diminuer ses charges, augmenter son bien-être, lui donner une sage liberté qui ne dégénérât point en licence : tels furent ses vœux, le rêve de toute sa vie.

Malheureusement, il n'était pas pourvu des qualités que les Français aiment à trouver dans le rang suprême. Il voulait le bien, et manquait d'énergie pour le faire exécuter. Si fréquemment déçu dans ses espérances, il cherchait souvent des avis nouveaux que sa trop grande défiance de lui-même lui faisait juger nécessaires. Craignant de mal faire, flottant entre divers partis, il ne savait s'attacher résolument à aucun, et déblayer les obstacles que des circonstances difficiles faisaient surgir sous ses pas. Il avait de l'instruction, du goût pour les arts, un sens droit, mais point de dehors. Il s'exprimait avec peu de facilité; et jamais on n'entendit sortir de sa bouche ces mots heureux que les peuples retiennent, et sont habitués à considérer comme une garantie des bonnes intentions des rois.

On cherchait vainement auprès de lui cette belle reine, le plus doux ornement des fêtes qui embellissaient la cour. Marie-Antoinette ! Combien ce nom rappelle de grandeurs déchues, de haines acharnées, de malheurs inouis supportés avec une fermeté surhumaine ! Et cependant, elle encourageait les lettres, protégeait les arts, répandait des bienfaits, ne désobligeait personne, et mettait son bonheur à se voir entourée dans son intérieur d'amis de son choix. Quand un ministre de Louis XVI allait s'excuser auprès d'elle de la nécessité où il s'était vu par devoir de conseiller des mesures hostiles contre l'Autriche, elle lui répondait ces belles paroles : Il m'est certainement impossible d'oublier que je suis née Autrichienne et sœur de l'empereur ; mais ce que je dois me rappeler plus que tout dans ce moment, c'est que je suis reine de France et mère du dauphin. Voilà pourtant celle que ses ennemis appelaient avec tant de perfidie l'Autrichienne ; comme si tous ses vœux, toutes ses affections eussent appartenu exclusivement à son ancienne patrie. Cette qualification meurtrière trouva depuis des échos trop fidèles sur les bancs de la Convention.

En ce moment, la voiture du roi entrait dans l'avenue. Le duc et la duchesse d'Harcourt, suivis de toutes les personnes qui remplissaient les appartemens, descendirent les marches du perron et allèrent attendre le roi à la grille du château. Il ne voulut point permettre que la voiture le conduisît plus loin, et mit pied à terre. Il était accompagné du maréchal d'Harcourt, du prince de Poix et des ducs de Villequier et de Coigny.

En se trouvant au milieu de cette brillante réunion, Louis XVI parut d'abord un peu embarrassé. Il se remit pourtant en reconnaissant le duc et la duchesse d'Harcourt qui s'avançaient vers lui. Il les accueillit avec cordialité. On se dirigea vers le château; et quand le roi eut monté les dernières marches du perron, le vieux maréchal, l'arrêtant avec une respectueuse familiarité, lui dit : Sire, je veux en ce moment vous faire contempler un spectacle bien digne de votre cœur, celui d'une population heureuse de voir son roi. Louis XVI se retourna vivement ; et alors, aussi loin que la vue pouvait s'étendre, il vit les campagnes et les coteaux voisins couverts d'une immense population exprimant sa joie par ses acclamations, et faisant des vœux pour lui. Ah ! M. le Maréchal, dit Louis XVI, en serrant la main du vieux gentilhomme, votre château est bien beau ; mais ce que vous venez de me faire voir vaut mieux encore.

Suivant l'ancienne étiquette, le vieux maréchal se crut obligé de présenter au roi et de lui désigner par leurs noms tous les nobles convives admis dans le château. C'est ainsi que M. Radulfe retrouva le comte de Lormoi qu'il n'avait pu reconnaître au milieu de la foule immense qui encombrait les appartemens. Dès ce moment il ne le perdit plus de vue. Il aperçut encore Henri, mais parmi les officiers du maréchal : son humble qualité de secrétaire ne lui permettant point d'aspirer à une plus haute distinction.

Le maréchal pria le roi d'indiquer les personnes qu'il voulait admettre à sa table. Le roi désigna la famille du maréchal, les nobles ducs qui avaient été ses compagnons de voyage, et quelques uns des principaux seigneurs que le maréchal lui avait présentés. Son aïeul Louis XV aurait peut-être préféré voir près de lui quelques jolies dames vives, spirituelles et peu sévères ; mais le roi n'était pas galant, et, chose remarquable, c'est peut-être de tous les rois de France le seul (avec saint Louis) que, sous ce rapport, la calomnie ait épargné.

Plusieurs autres tables avaient été dressées dans la grande galerie du château, de manière à ce que tous les convives pussent y trouver place.

Le roi retrouva à table cette exquise bonté qui était le fond de son caractère. Au dessert, il tira un paquet cacheté de sa poche, le plaça sur une assiette et l'envoya au jeune duc d'Harcourt, en l'invitant à l'ouvrir. Le duc y trouva sa nomination de gouverneur du Dauphin. Cette faveur, objet de l'ambition des plus grands seigneurs de France, et que méritait d'ailleurs le duc par ses services militaires, beaucoup de connaissances et des talens agréables, combla de joie et de reconnaissance la famille du maréchal, qui se leva d'un mouvement spontané et vint se jeter aux genoux du roi. Que faites-vous, mes amis, dit le bon roi, c'est à mon fils à me remercier.

Dès ce moment, la plus vive allégresse remplaça la froide étiquette, qui jusqu'alors avait modéré les élans de la joie universelle. Le roi, après être sorti de table, alla se promener sans gardes au milieu des paysans qui affluaient sur la place du château, interrogea les vieillards sur les productions du pays, but un verre de gros cidre à la prospérité de la prochaine récolte, et laissa partout des traces de sa munificence. En rentrant au château, il était fatigué, mais content, mais heureux au-delà de toute expression. — Eh bien ! M. le maréchal, n'ai-je pas bien fait le seigneur de village ?

Je crois, ajouta-t-il en riant, que c'était là ma véritable vocation. Hélas! le malheureux ne croyait pas dire si vrai.

Pendant ce temps, le comte de Lormoi faisait sa cour aux dames. On savait qu'il était d'une haute naissance, capitaine dans le régiment d'Artois et fort riche ; tous ces titres le faisaient accueillir favorablement. Il rêvait déjà les plus hautes destinées, quand il remarqua, dans un coin du salon, un homme grand, sec, à figure austère, dont les yeux le suivaient incessamment.

Il était dans la condition du comte de Lormoi de prendre ombrage de tout ; c'était une des nécessités du crime qu'il avait commis. Il s'informa donc aussitôt du nom de cet homme, dont les regards semblaient s'attacher à lui avec une espèce d'opiniâtreté. Il entendit prononcer avec terreur le nom de M. Radulfe ; dès ce moment toutes ses frayeurs revinrent. La fête, les grandeurs, les brillantes visions dont il s'était bercé, tout disparut à ses yeux. Malgré la criminelle énergie de son caractère, il se fit une si grande altération dans ses traits que plusieurs personnes, croyant que la chaleur de l'appartement l'incommodait, l'engagèrent à prendre l'air.

M. Radulfe avait une trop grande connaissance des hommes pour ne pas avoir deviné tout ce qui se passait dans l'âme du comte de Lormoi. Il l'avait suivi quand il allait aux informations ; il avait vu l'effet que son nom produisait sur lui, le changement subit opéré dans tous ses traits. Dès ce moment, s'il eût cédé à la conviction profonde qu'il avait de sa culpabilité, il l'aurait fait arrêter ; mais comment se permettre un pareil éclat dans une fête honorée de la présence du roi ? — Non, se dit le magistrat, à lui encore cette nuit ; mais demain.....

Il avait, d'ailleurs, quelques précautions à prendre, pour lesquelles il devait s'entendre avec l'intendant du maréchal, afin d'éviter toute espèce d'esclandre. Il sortit, et on ne le revit plus de la soirée.

CHAPITRE VINGT-CINQUIÈME.

> Il faut enfin payer sa dette.
> *Opéra de Léon.*

La fête se prolongea toute la nuit. La gaîté brillait sur les visages. Les groupes animés, qui encombraient les appartemens du château, se livraient au plaisir en fêtant la bienvenue du roi. Nous devons cependant en excepter quatre personnages qui, retirés dans une des embrasures du salon, paraissaient vivement préoccupés des affaires publiques et en faisaient le sujet de leur entretien. C'étaient le marquis de L..., l'évêque de B..., un conseiller au parlement de Normandie, et M. Hautemare, banquier à Caen. Un témoin oculaire a été assez heureux pour recueillir leur conversation, que nous nous empressons de mettre sous les yeux de nos lecteurs.

Le marquis de L... — Eh bien! M. le conseiller, les parlemens persistent donc toujours dans leur esprit de rébellion aux ordres du roi, en refusant d'enregistrer les édits bursaux que leur adressent ses ministres.

Le Conseiller. — M. le marquis, les parlemens agissent selon leur conscience et le juste sentiment qu'ils ont de leurs droits et de leurs devoirs.

Le marquis de L... — Ils n'ont de droits que ceux que leur a conférés l'autorité royale; leurs devoirs sont de la seconder alors qu'elle réclame leur loyal concours.

Le Conseiller. — Les parlemens sont institués pour servir de contrepoids à l'autorité

royale et pour la redresser lorsqu'elle s'égare.
Il était de leur devoir de jeter le premier cri
d'alarme, quand ils ont vu les finances de l'État
confiées à un homme présomptueux, imprudent, sans aucune espèce de portée, mais doué
de ce qu'admirent les Français, d'un esprit
brillant et facile, et d'une impertubable confiance.

M. Hautemare. — Voilà une lettre à l'adresse
de M. de Calonne; je me permettrai d'y faire
la réponse. M. de Calonne est arrivé aux affaires
dans un moment de crise, quand le désordre
était déjà dans les finances. Il a jugé la position
en homme habile. Il a fait un appel au crédit
pour fermer des plaies occasionnées depuis
long-temps par la faiblesse de Louis XV, par le
luxe de sa cour, par les caprices de ses maîtresses, par la guerre de sept ans. Le crédit
allait venir à son secours; mais il s'est retiré
quand il a vu que les grands corps de l'État
refusaient leur concours au ministre.

Le Conseiller. — Comment vouliez-vous que
les parlemens appuyassent un ministre qui ne

se soutenait qu'à l'aide de moyens factices qu'un souffle pouvait renverser ? Il fallait....

M. Hautemare *en souriant*. — Il fallait prendre conseil des parlemens, les introduire dans le gouvernement, et leur donner cette fiche de consolation de leur renvoi par le chancelier Maupeou. Vous voyez que je me permets d'achever votre pensée.

Le Conseiller. — L'État n'eût pas été plus mal gouverné peut-être.

Le marquis de L... — La dignité royale ne pouvait se rabaisser à ce point, et la fidèle noblesse de France ne l'aurait pas souffert. Que le roi lui fasse un appel! Notre sang et nos biens sont à sa disposition.

M. Hautemare. — Voilà de magnifiques paroles ; et que résulterait-il de cet appel ? Des protestations de dévoûment, des adresses, des invocations aux noms de saint Louis et de Henri IV ; mais pas un secours efficace, pas un écu. C'est de l'argent qu'il faut. Il est un moyen bien facile de s'en procurer ; je vais vous l'indiquer.

L'évêque de B..... — Ecoutons monsieur le banquier ; il doit être expert en cette matière.

M. Hautemare. — Vous, monsieur le marquis, consentez-vous à faire le sacrifice de vos droits féodaux, à supporter les impôts et les charges de l'État dans la proportion de vos biens ? Voulez-vous renoncer à ces pensions et à ces sinécures qui épuisent les finances de l'État ?

Le Marquis. — Mais, monsieur, autant vaudrait me dégrader de noblesse.

M. Hautemare. — Vous, monsieur l'évêque, trouvez-vous juste que ces immenses propriétés territoriales qui appartiennent au clergé sur la surface de la France soient grevées d'impôts, même dans une faible proportion ? Consentez-vous qu'il en soit aliéné une partie pour payer les dettes du clergé ?

L'évêque de B... — J'y consentirais bien volontiers s'il ne s'agissait que de mes intérêts ; mais c'est le domaine de l'Église qu'il nous est défendu d'aliéner, sous peine d'excommunication.

M. Hautemare. — Et vous, monsieur le conseiller, qui entendez la réponse de ces messieurs, qui, certainement, l'appréciez, êtes-vous disposé à prêter au gouvernement un concours loyal et sans arrière-pensée, pour qu'il puisse leur forcer la main?

Le Conseiller. — Comment voulez-vous que nous venions en aide aux ministres, qui n'ont aucun égard à nos remontrances? Nous ne demandons pas mieux que de soutenir le trône ; mais qu'il commence d'abord par prêter l'oreille à nos justes avis, en renvoyant des ministres qui n'ont pas notre confiance.

M. Hautemare. — Je vous comprends, enfin, messieurs. La noblesse veut conserver ses priviléges pécuniaires et honorifiques, et obtenir des pensions ou des sinécures pour soutenir son rang et son luxe ; le clergé serait assez disposé à seconder l'autorité si elle n'exigeait pas de lui des sacrifices d'argent ; enfin, les parlemens ne demandent pas mieux que de soutenir le trône, pourvu qu'il se mette sous leur tutelle. Comment alors restaurer les finances, conserver le crédit et maintenir l'ordre public ?

Eh bien! à mon tour, voilà ce que je vous prédis :

Encore quelques années, et vous serez obligés d'en venir à la réforme des abus, c'est-à-dire, à la suppression de la taille et des corvées, à l'aliénation d'une partie des domaines royaux, à l'annulation des priviléges du clergé et de la noblesse, et à une égale répartition des charges publiques.

LE MARQUIS DE L... — Jamais, monsieur, nous n'y consentirons.

M. HAUTEMARE. — Et voilà précisément ce qui rend une révolution inévitable. Au lieu de laisser couler le torrent en élargissant son lit, vous voulez lui opposer des digues impuissantes. Il renversera les digues, les emportera, et vous avec elles.

Telles étaient à cette époque les diverses opinions qui partageaient la France, et dont la conséquence nécessaire a été une série de malheurs et de bouleversemens inouis.

Pendant cette conversation, le roi s'était retiré dans ses appartemens, afin de prendre quelques heures de repos avant de partir pour Caen ; mais le désir de le revoir encore une fois avait retenu tous les conviés dans la salle du bal.

Le comte de Lormoi errait dans les salons comme un homme hébété. Ses yeux étaient hagards, sa démarche chancelante. La justice lui apparaissait sous la forme de M. Radulfe, avec ses horribles conséquences. Il se sentait déjà étreint dans son bras de fer. Que devenir ? Que faire ? Si du moins André était là pour lui donner quelques conseils ; mais le misérable, paresseux et gourmand, n'avait eu garde de négliger cette occasion de satisfaire ses deux goûts favoris. Il était resté à table depuis le soir avec d'autres domestiques, et avait perdu toute espèce de raison.

Le comte de Lormoi, dans cette nuit terrible, souffrit par anticipation tous les tourmens des damnés, tandis qu'autour de lui tout respirait la joie et le bonheur. Une vive et folâtre jeunesse, animée par la danse et par les sons d'une musique entraînante, se mêlait, se séparait, se réunissait de nouveau. Le grave menuet avait cédé le pas aux contredanses; l'air retentissait d'accens joyeux mêlés aux cris de : Vive le Roi !

Ne pouvant supporter le spectacle de la joie générale, le comte de Lormoi sortit dans le parc; il espérait calmer la fièvre dont il était dévoré. Vaine espérance ! Tout autour de lui prenait un corps, un visage. C'était le cadavre du cordelier, dressé devant lui ; c'était celui d'Eugénie Salmon; c'était le chevalier de La-varde, l'accusant de l'avoir entraîné dans un horrible guet-apens. Il rentra dans les salons, poursuivi par les furies. Sa contenance extraordinaire, les mots désordonnés qui lui échappaient, commençaient à fixer l'attention. On s'interrogeait, on se parlait tout bas.

Enfin, le jour parut. Les premiers rayons du soleil commencèrent à dorer les coteaux de la rivière d'Orne. De légères vapeurs, en s'élevant des eaux, gagnaient la cime des arbres qui bordaient la rivière, et annonçaient que la journée serait chaude et belle. On entendit bientôt le piétinement des chevaux et les cris des palefreniers faisant les apprêts du départ du roi.

Le comte de Lormoi, en jetant les yeux sur une glace, fut effrayé du désordre de ses traits. Il voulut regagner sa chambre pour prendre quelques instans de repos. En entrant dans l'appartement, il jette un coup d'œil rapide sur la porte d'un cabinet où il avait déposé ses malles et sa précieuse cassette; elle est fermée à clef. Quelque chose de rouge frappe ses yeux : il s'approche, et trouve des scellés apposés sur la porte et sur la serrure ; c'étaient ceux de M. Radulfe. L'horrible vérité se dévoile alors à ses yeux. Tout est connu. Il se voit perdu, et tombe dans un fauteuil en fondant en larmes et en poussant des cris de désespoir.

Aux exclamations qu'il fait entendre, une personne entre dans la chambre ; c'était Henri. Sa présence redonne un peu d'énergie au comte.
— Qui donc s'est permis de fermer cette porte et d'y faire apposer les scellés ?
— C'est moi, lui dit de Nollent, en le regardant d'un air froid.

— Vous!... Eh! qui donc êtes-vous? Que signifie?...

Henri s'approche lentement de lui.—Regardez-moi bien. Est-ce que monsieur le comte de Lormoi ne se souvient pas de m'avoir vu quelque part, avant qu'il me fît l'honneur de me prendre pour secrétaire? Par exemple, sur le Cours de Caen.

Ce fut un trait de lumière. — Ah! dit le comte en se frappant le front, je l'avais oublié. Puis il voulut se jeter sur lui. Quoi! misérable, c'est vous. — Du calme, monsieur le comte, dit Henri en le retenant d'une main ferme. Le temps est précieux et vos jours sont comptés. Ecoutez-moi.

Alors Henri lui raconta d'une voix nette et précise ce qu'il avait fait pour découvrir les assassins de son ami, le sous-prieur des Cordeliers; sa démarche auprès de M. Radulfe, son voyage à Bayeux, les aveux du chevalier de Lavarde, la découverte de la redingote à laquelle manquaient le bouton d'or et le lambeau de drap trouvés sur le lieu du crime, et qui étaient à présent entre les mains de M. Radulfe ; enfin, l'arrivée de ce dernier au château d'Harcourt pour le faire arrêter.

Chacune des paroles de Henri étreignait le comte comme dans un étau.

Henri continua :

L'intendant du maréchal, qui a été prévenu, a obtenu de M. Radulfe que vous ne seriez arrêté qu'après le départ du roi ; c'est dans une heure... Vous êtes surveillé, et toutes les issues sont gardées ; vous n'avez plus d'espérance que dans la miséricorde divine. Puissiez-vous, par un vrai repentir, adoucir votre malheureux sort !

Le comte de Lormoi se leva. Une pâleur livide couvrait son visage ; ses dents se choquaient, ses traits étaient renversés, ses genoux se dérobaient sous lui. — Oh ! sauvez-moi, sauvez-moi, dit-il, en se roulant aux pieds de Henri.

Henri le regarde pendant quelques instans étendu à ses pieds. Une sorte d'hésitation se manifeste dans tous ses traits. De Lormoi attend avec la plus grande anxiété. Enfin, une rougeur plus vive colore les joues de Henri. Et mon pauvre Georges, monsieur, en avez-vous eu pitié? Alors, se retirant précipitamment, il sort de la chambre.

CHAPITRE VINGT-SIXIÈME.

> Quand les bergers de la Sierra-Morena font la rencontre d'un scorpion, ils l'entourent d'un cercle de charbons ardens. Après avoir fait diverses tentatives inutiles pour franchir la barrière de feu, le reptile venimeux revient au milieu du cercle ; là, se repliant violemment sur lui-même, il se frappe à la tête avec le dard qu'il porte au bout de la queue, se tue, et échappe ainsi à ses ennemis et à ses angoisses.
>
> *Extrait d'un Voyage en Espagne.*

Après le départ de Henri, de Lormoi resta quelque temps dans un état de stupeur difficile à décrire. Ses yeux étaient fixes ; sa langue restait attachée à son palais. Il ne savait si ce qui lui arrivait était réel ou fantastique, et s'il n'était pas le jouet d'un songe ou d'un affreux cauchemar. Mais comment douter encore quand il entend Henri fermer la porte qui est au bas de l'escalier ?

Ce bruit le réveilla. Cet instinct de conservation que nous apportons tous en naissant le fit se précipiter sur les pas de Henri, et descendre rapidement l'escalier pour se sauver, s'il était encore temps. La porte était fermée. Il ne put même l'ébranler, tant les tortures de la nuit lui avaient ôté de force et d'énergie. Il tomba anéanti sur les marches, et resta quelque temps dans cette position. Le froid le saisit ; il remonta. Si du moins il pouvait sauter par la fenêtre ? Vain espoir ! Elle était fermée par de forts barreaux en fer.

Il entendait de loin les cris de joie et de bonheur par lesquels on saluait la présence du roi. Sa place eût été là si..... Il se frappe la tête contre les barreaux en poussant des cris inarticulés. Son sang coule bientôt par vingt blessures. Un délire frénétique s'empare de lui.

Dans un de ses mouvemens convulsifs, sa main rencontre ses pistolets que la veille il avait déposés sur une table. Il en saisit un, l'arme, l'appuie sur son front. Le coup part; et tout est fini.

Pendant ce temps, les préparatifs pour le départ du roi continuaient. Le soleil se levait pur, radieux sur l'horizon, et achevait de dissiper les brouillards du matin. Les oiseaux saluaient par mille chants joyeux le retour du jour; et, dans la prairie qu'on apercevait à travers la clairière, les folâtres génisses et les jeunes agneaux bondissaient autour de leurs mères.

Le roi était déjà en habit de voyage dans le salon; il avait près de lui le maréchal et le duc d'Harcourt, le duc de Coigny, gouverneur de Caen, et toute la petite cour improvisée qui l'entourait depuis la veille. Ses yeux respiraient le contentement et la bonté. — Comme on dort bien dans votre château, M. le Maréchal! jamais je ne me suis senti plus dispos et mieux portant. Ce matin, je me suis levé un peu avant le soleil ; je l'ai vu lancer ses premiers rayons sur cette belle forêt que vous appelez, je crois, la forêt de Cinglaie. Je me suis cru au petit Trianon ; et j'ai songé... — Ici il hésita un peu à exprimer sa pensée.

— Aux grands intérêts de votre royaume sans doute, dit le duc de Villequier en langage de courtisan.

— Non, Monsieur ; à la reine et à mes enfans.

Ces mots n'étaient peut-être pas bien à leur place ; mais ils étaient vrais, et ils peignaient parfaitement l'excellent homme qui les prononçait.

En ce moment, les voitures arrivaient. La duchesse d'Harcourt et toutes les dames, dans le désordre d'une toilette fatiguée par une nuit de bal, se pressaient autour du roi qui leur faisait ses adieux, et l'accompagnaient jusqu'à sa voiture. Il y avait dans ce vif empressement, dans cet oubli complet des intérêts de la coquetterie, quelque chose de touchant qui n'échappa point à l'âme de Louis XVI ; et, quand sa voiture l'entraînait rapidement loin d'Harcourt, il pensait encore au bonheur qu'il y avait goûté, et dont il avait joui si délicieusement.

CHAPITRE VINGT-SEPTIÈME

ET DERNIER.

> *Qui seminant in lacrymis in exultatione metent.*
>
> Ceux qui sèment dans les larmes récoltent dans l'allégresse.
>
> Ps. 125.

A quelques jours de là, on lisait dans la Gazette de Normandie :

« Un accident affreux est arrivé au château d'Harcourt. M. le comte de Lormoi avait sur son bureau un pistolet qu'il ne croyait pas chargé. En jouant imprudemment avec cette arme, il a fait partir le coup qui lui est entré profondément dans la tête. M. de Lormoi est mort sur-le-champ. Cet accident plonge une famille honorable dans la désolation, et enlève à la société un gentilhomme d'une haute distinction. Heureusement que la pureté des mœurs du défunt ne permet pas de douter qu'il ne fût, au moment de sa mort, en état de paraître devant le souverain juge.

« Priez Dieu pour le repos de son âme. »

Chacun en lisant cet article s'exprimait en termes plus ou moins éloquens sur le danger des armes à feu. Voici la seule réflexion que l'on entendit faire à M. Radulfe : C'est un moyen sûr et commode d'échapper à la roue.

Deux mois après, dom Ribard et dom Ménilgrand avaient réussi à faire rapporter l'arrêté qui expulsait Henri de l'Université. Nous n'avons pu savoir quels moyens ils employèrent auprès du recteur et des chefs de l'Université pour obtenir ce prompt résultat. Il est présumable que le voile qui enveloppait la mort de dom Georges et celle du comte de Lormoi avait été levé en partie, et que le dévouement si énergique de Henri avait trouvé grâce devant ces hommes honorables.

Henri revint donc à Caen où des amis nombreux l'attendaient. Ce fut un jour de fête pour les écoliers de l'Université ; mais cette fois Henri n'usa de son influence sur des têtes si mobiles et si ardentes que pour les maintenir dans les bornes du devoir.

Ce ne fut pas sans quelque appréhension qu'il s'achemina vers la rue Saint-Pierre, et qu'il entra dans le magasin de M. Dubourg. Marianne et Geneviève étaient au comptoir. M. Dubourg allait sortir, et fit paraître un peu d'étonnement à la vue de Henri. Ce n'était plus ce jeune écolier si léger, si gai, si ardent. Le malheur, en s'appesantissant sur lui, avait retrempé son caractère. Son maintien était devenu plus grave, plus réfléchi. La conviction profonde d'avoir accompli un devoir lui donnait une modeste assurance qui fit peut-être plus d'effet sur M. Dubourg que les recommandations les plus puissantes.

Marianne, depuis son arrivée, avait constamment tenu les yeux baissés, et cependant nous sommes certains que la manière affectueuse et paternelle avec laquelle M. Dubourg avait pressé la main de Henri ne lui était pas échappée.

— Je vous revois donc, jeune séditieux, dit M. Dubourg en adoucissant ce reproche par un petit coup sur la joue.

—J'accepte vos reproches, monsieur, pourvu que vous me permettiez de venir quelquefois les entendre de votre bouche et vous exprimer mes regrets de les avoir mérités.

Ces mots furent dits d'une voix si douce que Marianne ne put s'empêcher de regarder son père avec des yeux qui semblaient demander grâce, et que Geneviève, tout attendrie, ôta ses lunettes pour essuyer une grosse larme qui coulait sur sa joue.

M. Dubourg fit entrer Henri dans ce cabinet qui avait été témoin de ses adieux à Marianne. Ils y furent suivis par Marianne et Geneviève, ainsi que par M. Radulfe qui arrivait au même moment chez M. Dubourg.

Là, Henri expliqua à ses auditeurs attentifs tous les motifs de sa conduite ; il leur ouvrit les replis les plus cachés de son cœur. Quand il leur peignit ses regrets, sa douleur affreuse, en apprenant le genre de mort de dom Georges, d'un ami élevé dans la maison de son père, qui avait partagé ses jeux, qui, dans toutes les circonstances de sa vie, l'avait entouré de soins et d'affection, il fut interrompu par les sanglots de Marianne et par la vive émotion de M. Dubourg et de Geneviève. M. Radulfe conservait seul son air impassible et froid ; mais quand Henri, poursuivant son récit, arriva à la résolution prise d'une manière si ferme, et suivie avec tant d'opiniâtreté et de courage, de pénétrer au fond de l'horrible mystère qui cachait les coupables de la mort de dom Georges, et de venger tout à la fois cet ami et la société, en faisant punir ses assassins, M. Radulfe ne put se contenir plus long-temps. Il se leva vivement, et serrant Henri dans ses bras : Vous êtes un noble jeune homme ! s'écria-t-il ;

M. Dubourg, n'avez-vous pas une récompense à lui donner?

Il se fit ici un instant de silence. Marianne était pâle, Geneviève attentive, M. Dubourg souriait. Les yeux de Henri, fixés sur M. Radulfe, lui exprimaient sa vive reconnaissance.

Enfin, M. Dubourg se leva lentement, prit la main de Marianne et la mit dans celle de Henri.

Nous n'avons plus que des scènes de bonheur à raconter. M. Radulfe se chargea d'écrire au père de Henri, dont la réponse ne se fit pas attendre. Il ne mettait qu'une seule condition à son consentement, c'est que la noce se ferait dans son château.

Quelques jours après Henri conduisait à l'autel la jolie Marianne, qui s'appuyait avec amour et confiance sur le bras de son fiancé. Son père la regardait en souriant, et la vieille Geneviève, couverte d'un habillement tout neuf qu'elle devait à la générosité de Henri, marchait la tête haute, et semblait heureuse et fière des témoignages d'affection que son élève chérie recueillait sur son passage.

Ce fut un ami constant, un bon père qui les reçut dans le sanctuaire de l'église Saint-Étienne. Dom Ribard, après une exhortation paternelle, où on pouvait reconnaître, au milieu de graves avertissemens, sa vive affection pour Henri, unit par d'indissolubles liens ces deux cœurs si bien faits l'un pour l'autre.

Henri, pendant la cérémonie, paraissait absorbé par une pensée profonde, et priait avec ferveur. Était-ce pour sa jolie fiancée ou pour l'ami qu'il avait perdu, et qui, plus qu'elle, alors, avait besoin de prières?

Après la cérémonie, les deux jeunes époux montèrent en voiture et partirent pour le château de Nollent. Ils furent reçus à leur arrivée par un cortége de jeunes filles et de jeunes garçons qui les conduisirent dans les bras du père de Henri et de nombreux amis attirés par la solennité de la fête.

Henri expia encore le bonheur de son hymen par une journée de tribulations joyeuses, au milieu desquelles nous le laisserons, en assurant au lecteur que peu d'unions furent, malgré la difficulté des temps, aussi favorisées du ciel (*g*).

FIN.

APPENDICE.

NOTE (a) DE LA PAGE 20.

L'origine de la ville de Caen a occupé beaucoup d'auteurs du moyen âge. Les uns ont pensé qu'elle remontait à Cadmus, Phénicien, inventeur des caractères et lettres grecques. La meilleure preuve qu'ils donnent de cette origine presque fabuleuse, est le nom latin de Caen, *Cadomus*. Rien ne justifie une assertion aussi hasardée.

Pol Émile, en son histoire *des Gestes de Philippe-Auguste*, roi de France, qui régnait l'an 1179, dit que les anciens l'appelaient maison de Caius (*Caii domum veteres vocabant*), et que par contraction on en avait fait le mot *Cadomus*. M. de Bras partage cette opinion qu'il trouve vraisemblable, et qu'il exprime en ces termes :

« De vray il y a grande raison qu'elle soit ainsi appelée par l'éthimologie et convenience du terme, vu que Caius Julius Cæsar, au retour de sa conqueste de la Grande-Bretagne, de présent Angleterre, y fist long séjour pour se rafraîchir et son camp, comme en sa maison délectable, pour l'aménité et plaisante situation de son contour. »

Antiquités de Normandie, par Charles de Bourqueville, sieur de Bras, Liv. II, page 3, édition de 1588, à Caen, de l'imprimerie de Jean Lefebvre.

Guillaume Lebreton, qu'on appelle Guillaume-l'Armorique, et qui écrivait vers le commencement du treizième siècle, dans un poème latin, où il a mis en vers les conquêtes de Philippe-Auguste dont il était le chapelain, avance que la ville de Caen avait été fondée par Caius, sénéchal du roi Arthur et comte d'Anjou.

Le savant Huet, évêque d'Avranches, et l'abbé Delarue, ont fait justice de ces conjectures sur l'origine de Caen, qu'ils expliquent ainsi :

« L'ancien nom de la ville de Caen était Cathim, qui paraît lui avoir été donné par les Saxons, vers le cinquième siècle. Richard III, duc de Normandie, fixant le douaire d'Adèle de France qu'il avait épousée en 1026, l'asseoit sur les revenus de son domaine de Caen, qu'il nomme encore Cathim. Robert, abbé du mont Saint-Michel dans le douzième siècle, lui donne le nom de Cahem, et les historiens des treizième et quatorzième siècles l'appellent Caam, Cham, Cam ou Caem. » Il y a évidemment dans cette succession de noms une tendance directe au nom de Caen, qui paraît avoir définitivement prévalu dans le quinzième siècle.

La ville de Caen portait pour armoiries de gueules à une fleur de lis d'or, et en chef d'azur deux autres fleurs de lis d'or. Ces armoiries, dit M. de Bras, lui avaient été données par nos rois pour les grands services faits à leurs majestés. (*Antiquités de Normandie*, Livre II, page 27.)

Il est assez remarquable qu'un des bienfaiteurs de la ville de Caen ait été Louis XI. Il portait, comme on sait, grande dévotion à la vierge Marie, et c'est en revenant d'un pélerinage à Notre-Dame de la Délivrande, près de Caen, au mois d'août 1473, qu'il concéda à cette ville plusieurs priviléges. Ainsi, il donna permission aux bourgeois de faire arrêt sur les chevaux, hardes et autres biens de leurs débiteurs, quels qu'ils fussent, qui viendraient dans la ville, et il soumit ces derniers à la juridiction du bailli de Caen. Il permit aux trésoriers de l'église Saint-Pierre de prendre sur les murs de la ville et même sur la rivière, le terrain nécessaire à la construction des chapelles de l'abside ou rond-point de cette église. La paroisse ne s'empara d'abord que du terrain, et elle ne fit bâtir l'abside que dans le siècle suivant. Enfin, il érigea à Caen deux foires franches, en considération de la fertilité et belle situation de cette ville, pour laquelle elles

furent long-temps une source de prospérité.
(*Essais Historiques sur la ville de Caen*, par l'abbé Delarue. Page 96, tome 1er.)

NOTE (*b*) DE LA PAGE 54.

L'église Saint-Pierre, qui est un des plus beaux monumens de la Basse-Normandie, a été l'ouvrage de plusieurs siècles. Le chœur et une partie de la nef sont de la fin du treizième siècle; le reste de la nef et la tour sont de l'an 1308. Les voûtes de cette église et l'abside qui passe pour un chef-d'œuvre, n'ont été faites qu'en 1521 ; c'est l'ouvrage de Hector Sohier, architecte de Caen. (*Essais Historiques*. Page 97, tome 1er.)

NOTE (c) DE LA PAGE 54.

Nos lecteurs nous sauront peut-être gré de mettre sous leurs yeux la relation faite par M. de Bras de l'entrée de François Ier dans la ville de Caen. En comparant cette relation avec ce que nous disons de la procession de l'Université, où nous nous sommes conformés scrupuleusement à la vérité historique, il y a une remarque à faire, c'est qu'à l'époque de la révolution, l'Université, loin d'être déchue de sa splendeur primitive, avait vu s'accroître son influence et ses prérogatives. Ainsi, lors de l'entrée de François Ier, le recteur était regardé comme inférieur en dignité aux gouverneurs de la province et de la ville, tandis que, de notre temps, dans toutes les cérémonies publiques, le recteur était considéré comme la première autorité de la province.

« Et le mercredi troisième jour d'avril 1532, le roi, notre souverain et naturel seigneur, vint disner au lieu de Sinteaux, pour faire son entrée en sa ville de Caen, comme il avait désir et affection. En considération de quoi les citoyens, manans et habitans d'icelle ville, désirant faire leur devoir envers lui pour sa réception selon leur pouvoir, sortirent de ladite ville dans l'ordre qui suit :

« Les quatre ordres mendians, les religieux de Saint-Etienne, le clergé des paroisses, de l'Hôtel-Dieu et les chanoines du Saint-Sépulcre, avec leurs croix et reliquaires.

« Après marchaient vingt-quatre bedeaux en accoustremens de noir et bourrelets, portant leurs masses d'argent devant le recteur de l'Université, vestu d'écarlate rouge avec sa chappe rectorale. Il était précédé de deux jeunes enfans à cheval, vestus de satin des couleurs de l'Université, rouge et bleu, portant des chapeaux de triomphe aux armoiries d'icelle, et suyvi par les doyens et docteurs de théologie vestus de noir, ceux des droits canon, civil et de médecine, d'écarlate rouge, et les principaux des arts, tous avec leurs chappes doctorales et magistrales, fourrées de menu vair. »

Suit l'énumération des porte-enseignes et sergens de Caen, escoliers de l'Université, officiers et autorités de la ville, après lesquels venait le lieutenant particulier.

M. de Bras continue ainsi :

« Toutes lesquelles compagnies en l'ordre que dessus, passèrent pardevant ledit sieur roi aux plaines de Cormelles, et là lui furent faites plusieurs harangues, entr'autres celle-ci par l'un des capitaines de gens de pied :

> Roy sur les roys, seul guidon de prouesse,
> A toy offrons corps et biens tout entiers,
> A exposer en pièces et quartiers
> Pour soutenir ta très haute noblesse.

« Et un peu après, marchoyent quatre bacines ou trompettes devant un chariot triomphant sur lequel estoit le dieu Mars, armé de toutes pièces, assis en une chaire triomphale battue en or et en azur : ledit chariot enrichi d'or et d'argent, autour duquel estoyent pourtraites choses servantes aux armes, comme instrumens de guerre, conduit par six hommes sylvestres. Devant lequel estoyent les neuf preux magnifiquement en ordre, vestus de draps de soye de diverses couleurs, enrichis de broderies; trois vestus à la judaïque : c'est à savoir, Josué, David et Judas Machabeus, montez sur un éléphant, un chameau et un cerf; Hector, Alexandre et Jules César à la turque, montez sur une licorne, un griffon et un dromadaire, lesquelles bestes estoyent encaparençonnées de draps de soye à broderie, si bien pourtraites sur le vif, et ayant tels mouvemens qu'il sembloyt estre naturelles ; et Artur, Charlemagne et Godefroi de Bouillon, vestus à la françoise, montez sur coursiers faisant pennades et sauts si à propos qu'il n'est possible de mieux faire.

« Et au roy par ledit dieu Mars fut dit avecque bonne audace ce qui ensuit :

> Roy très puissant, Mars suis des dieux transmis
> Pour t'annoncer qu'au divin consistoire
> Tu es esleu, et par tes vertus mis
> Au rang des preux. Car en leur haut prétoire
> Ils ont conclu, d'un vouloir unanime,
> Ton royal nom, ta force magnanime
> Avoir meri (*mérité*) lieu dixième obtenir,
> Entre neuf roys qu'on dit preux maintenir.

« Après lesquelles compagnies par lui ainsi veues, où il print grand plaisir, toute la cour et leur ordre, gardé comme dessus, chevaucha vers ladite ville.

« Grand nombre de seigneurs et gentilshommes, tant de l'hostel du roy que autres gentilshommes du pays, fort braves et bien en poinct.

« Après venoyent les pages de l'écurie du roy, montés sur coursiers, suyvis par plusieurs prélats, abbés, protonotaires, conseillers et gens du grand conseil que suyvoyent grand nombre d'évesques : c'est à savoir, Messeigneurs de Toulouse, de Lysieux, de Clermont, Mascon, Bayonne et plusieurs autres.

« Après lesquels venoyent les ambassadeurs du pape, de l'empereur, des roys d'Angleterre, Portugal, Hongrie, ducs de Ferrare et Venise, très pompeux et magnifiquement en ordre.

« Marchoyent après, les cent suisses du roy, leurs hallebardes sur l'espaulle, conduits par le jeune monsieur de Lamark, leur capitaine.

« Et après, suyvoit monsieur de Brion Chabot, admiral de France; messeigneurs les révérendissimes cardinaux de Lorraine et Grandmont.

« Et puis venoit monseigneur le dauphin richement en ordre.

« Près desquels seigneurs estoyent plusieurs laquais accoustrés des couleurs et parures desdits seigneurs.

« Suivoyt monsieur le grand escuyer, monté sur un grand coursier caparençonné de velours vert, semé de fleurs de lys et broderie, portant l'espée de triomphe devant le roy.

« Et après, marchoit le roy monté sur un

coursier grison, ledit seigneur vestu d'une chamarre de satin gris à broderie d'or traict, un pourpoint de satin cramoisy à la mesme broderie, découpé et fermé de pierreries, qui estoit chose moult singulière à veoir : ayant près de lui six laquais accoustrez de velours de ses couleurs.

« Et à l'entrée des fauxbourgs de ladite ville, luy fut offert la croix par monsieur l'official, qu'il baisa en grande révérence, et luy fut faite par iceluy la harangue pour l'église : et par monsieur le recteur à l'entrée du boulevart de la porte Millet de ladite ville, au nom de l'Université, autre harangue. (*Antiq. de Normandie*, pages 107, 108, 109, 110 et 111.)

NOTE (*d*) DE LA PAGE 102.

Guillaume-le-Conquérant eut pour père le duc Robert-le-Libéral. M. de Bras rapporte avec une naïveté pleine de charmes les amours de Robert et d'Arlette, mère de Guillaume :

« Et quelque temps après, le grand prince et duc Robert, estant en la ville de Falaize, aperceut une belle fille ainsi qu'il regardoit de l'une des fenestres du château, laquelle lavoit du linge à son usage à une claire fontaine encores y estant au bas d'iceluy. Il fut à l'instant épris de son amour, et tant la pourchassa à l'endroit de ses père et mère qu'ils lui accordèrent si elle y consentoit : ce qu'elle fit par blandices et promesses. Elle avoit à nom Arlette, fille d'un surnommé Foubert, pelletier ou fourreurier. . . . .

. . . .

(Ici sont quelques détails un peu trop naïfs, que nous avons cru devoir supprimer.)

Et après avoir dormy, à son resveil elle jeta un grand souspir. Et interrogée par le duc de la cause, lui dist avoir songé que de son corps sortoit un grand arbre, lequel ombrageoit la Normandie et l'Angleterre. Ce songe fut depuis effectué, parce que le duc Guillaume dict le bastard en sortit, qui fut prince si vaillant et adroit aux armes, qu'il se maintint duc de Normandie et conquist le royaume d'Angleterre. » (*Antiq. de Normandie*, liv. 1er, pages 13 et 14.)

NOTE (*e*) DE LA PAGE 103.

Voici à quelle occasion Guillaume fonda l'église Saint-Étienne :

Il avait épousé, en l'an 1048, Mathilde, fille de Baudouin, comte de Flandres. Le mariage fait, il fut reconnu que Mathilde était sa parente; mais le pape Victor leur accorda des dispenses sous la condition qu'ils fonderaient deux abbayes. Ce qui fut exécuté par la construction des abbayes de Saint-Étienne et de Sainte-Trinité de Caen. Quelque temps après Guillaume fit à l'abbaye de Saint-Étienne une donation, dont voici la teneur :

« Quiconque fait don de quelque chose à Dieu ou pour l'amour de Dieu, ne l'aliène pas de soy, mais plus tôt il se le conserve et garde pour estre multiplié au temps advenir avec espérance de la vie éternelle, ce que fait la bénigne largesse du Créateur et sa piété libérale envers ses créatures : lequel, combien qu'il n'ait aucun besoin de nos biens (car à luy appartient la terre avec tout ce qui est contenu en sa rondeur), il requiert toutes fois d'estre honoré de nos moyens et substances, et que sacrifice de louange lui soit offert pour nostre salut. Il nous exhorte de lui faire service, nous donnant de quoy lui redonner en reconnaissance des bienfaits qu'aurons receus de luy. Ce que néanmoins lui qui est père miséricordieux reçoit comme venant d'ailleurs que de luy et le récompense comme nostre en ce siècle, nous remettant et pardonnant nos péchés, et nous promettant soy mesme avec le royaume des cieux pour nous faire recevoir au siècle advenir cent fois au double.

« De laquelle espérance induict, moi Guillaume, roy d'Angleterre, duc de Normandie et comte du Maine, ai fait bastir et construire à l'honneur de Dieu et du glorieux saint Estienne, premier martyr, une abbaye dans le grand bourg près de Caen, pour le salut de mon âme, de ma femme et de mes enfans et parens. Auquel lieu, afin que l'entretien du service divin ne vienne quelquefois à défaillir et discontinuer par pauvreté, et faute de moyens, j'ai soigneusement pourveu à l'advenir en cette manière.

« Je transporte donc à la susdite abbaye les villages qui sont de mon domaine, à sçavoir : Cheux, Roz, Allemagne, Pont-de-Dive, Cabourg, avec les fermiers et conditionnaires, comme aussi ceux qui sont francs avec les moulins, eaux, prairies, pasturages, forests, comme en pareil tous les revenus et coustumes qui en dépendent et y appartiennent, tout ainsi que je les ai euz jusques aujourd'hui en mon domaine et par ci-devant mes prédécesseurs. Même je laisse francs et du tout quittes et paisibles les gens des deux paroisses, sçavoir est :

Cheux et Roz, qui ne tiennent point de terres franches pour le service de l'église et des moines, afin que jamais pour aucun advertissement d''expédition ou d'autre chose quelconque, ils n'entrelaissent et discontinuent le dict service, sinon que moi-même en personne ou par certain mien brief, j'advertisse leur abbé de ceux lesquels il me devra nommément envoyer estant dans les limites de Normandie seulement et par exprès tant seulement pour la nécessité de la guerre qui me pourrait survenir de la part des estrangers. . . . .
. . . .

« En témoignage de quoi nous avons fait apposer notre scel aux présentes lettres, l'an de l'incarnation de Nostre-Seigneur 1082, au mois de juillet (*Ant. de Norm.*, Liv. Ier, pages 21, 22 et 23). »

NOTE (f) DE LA PAGE 115.

Voici la description que M. de Bras fait de cette salle :

« Comme aussi ceste grande salle percée de tous costez à grands païs de vitres, et pavée de briques où sont gravées et pourtraictes les armoiries de la grand part des seigneurs de Normandie, laquelle a de longueur cinquante pas et de largeur trente (*Ant. de Norm.*, Liv Ier, page 17). »

NOTE (*g*) DE LA PAGE 272.

J'ai souvent assisté dans mon enfance à des noces de village en Normandie, et j'avoue que j'ai depuis regretté plus d'une fois les coutumes simples et pourtant si vives et si passionnées de mon pays. Je ne sais si ces habitudes existent toujours ; mais le lecteur me saura gré sans doute de les lui faire connaître telles qu'elles étaient et que j'en ai été encore témoin il y a environ trente ans.

« Le jour de la noce arrivé, les sœurs de la mariée ou ses parentes l'habillent avec ses plus beaux atours. Une des pièces indispensables de sa toilette est le riche et haut bonnet normand à barbes flottantes, derrière lequel on attache une petite couronne de myrte. Les veuves qui convolent n'ont point droit à la couronne, symbole de virginité.

« Après l'arrivée de l'époux, qui accourt accompagné de ses parens et revêtu de ses plus beaux habits, le cortége se met en marche pour l'église du lieu. Toutes les personnes de la noce sont montées deux à deux sur des chevaux. La mariée elle-même monte en croupe derrière son plus proche parent. Pendant toute la route des détonnations de coups de fusil et de pistolet se font entendre à chaque instant. La cérémonie se fait au milieu de l'attendrissement et du recueillement des assistans, surtout des jeunes filles.

« En revenant de l'église, la nouvelle mariée monte en croupe derrière le plus proche parent de l'époux, ce qui indique qu'elle a changé de famille et qu'elle appartient désormais à la famille du mari.

« On se rend à la maison de ce dernier, dont

la porte se trouve fermée par des rubans auxquels on attache des chapelets, de petites couronnes et des bouquets. La nouvelle mariée franchit ces obstacles et distribue aux assistans et principalement aux jeunes filles les rubans et les épingles qui les attachaient. Ces épingles sont vivement convoitées par les jeunes filles, car celle qui en a reçu le plus grand nombre est assurée de trouver un mari dans l'année.

« Avant le premier repas, qui, ainsi que tous ceux qui doivent suivre, est servi avec la plus grande profusion, le chef de cuisine remet à l'épouse trois pains qu'elle distribue elle-même aux pauvres; et à chaque repas on fait ce qu'on appelle la part des pauvres, c'est-à-dire qu'on met en réserve plusieurs plats qui leur sont immédiatement distribués, afin qu'il n'y ait pas de malheureux autour des époux le jour de leur noce.

« Après le dîner, les parens du marié portent en pompe autour des tables la jeune épouse dans la chaise où elle s'est assise. Pendant cette promenade les assistans chantent la vieille chanson de circonstance qui commence ainsi :

>Sur le pont d'Avignon
>J'ai ouï chanter la belle.

« Il est peu d'airs d'une mélodie aussi pure et aussi tendre. Une fois qu'on l'a entendu chanter il est impossible de l'oublier.

« La journée se termine toujours par des danses, qui ont lieu aux sons de la vielle.

« Lorsqu'on présume que les nouveaux mariés cherchent à quitter la société pour aller au lit nuptial, le plus proche parent de l'épouse, ordinairement le frère qu'on décore du nom de son chaperon, se place devant elle pour la défendre contre l'époux. Ce dernier qu'on couvre d'une peau de mouton noir et qui s'appuie sur un bâton pour conserver l'attitude courbée et figurer le loup, cherche à la saisir. Une danse vive et légère commence entre ces trois personnes aux sons de la vielle et aux applaudissemens de toute la noce réunie. Il n'est pas besoin de dire qu'entre gens d'une santé florissante et dans la force de l'âge la lutte n'est rien moins que simulée. L'époux, animé par l'amour et les applaudissemens des jeunes gens, attaque vigoureusement ; les vieillards, de leur côté, n'épargnent pas les encouragemens au chaperon, qui repousse l'époux avec une force à peu près égale.

« Quand la danse a duré environ une demi-heure, l'époux jette son bâton pour avoir les mains libres. Alors, on s'écrie que le loup devient méchant. Le chaperon paraît intimidé et se défend moins bien ; le rouge de la pudeur monte au front de la jeune mariée qui se trouve bientôt saisie par l'heureux loup. Elle se laisse aller dans ses bras, et celui-ci l'emporte aux cris de joie de tous les assistans. »

FIN DE L'APPENDICE.

TABLE DES CHAPITRES.

❖❖❖❖❖

Introduction	1
Chapitre premier	5
Chapitre deuxième	17
Chapitre troisième	31
Chapitre quatrième	37
Chapitre cinquième	45
Chapitre sixième	51
Chapitre septième	59
Chapitre huitième	73
Chapitre neuvième	83
Chapitre dixième	89
Chapitre onzième	95
Chapitre douzième	101

Chapitre treizième 117
Chapitre quatorzième 125
Chapitre quinzième. 143
Chapitre seizième 153
Chapitre dix-septième 159
Chapitre dix-huitième 171
Chapitre dix-neuvième 185
Chapitre vingtième 187
Chapitre vingt-unième 199
Chapitre vingt-deuxième. 209
Chapitre vingt-troisième. 221
Chapitre vingt-quatrième 229
Chapitre vingt-cinquième 245
Chapitre vingt-sixième 253
Chapitre vingt-septième et dernier . . . 265
Appendice. 273

FIN DE LA TABLE.

FRAGMENS

D'UN

LIVRE DE FABLES.

I

LES DEUX ROSEAUX.

Deux flexibles roseaux croissaient près d'un étang :
    L'un d'eux était né sous l'ombrage
    D'un chêne dont l'épais feuillage
    Le défendait contre l'autan.
      L'autre vivait solitaire ;
Nul abri ne le protégeait.
Aussi son frère lui disait :
Le destin te fut bien contraire.
Qu'un orage gronde, à l'instant

Te voilà courbé jusqu'à terre,
Le jouet d'un souffle de vent ;
Tandis que moi, sous l'abri tutélaire
Du roi superbe des forêts,
De l'aquilon je brave la colère.
— Ah ! puisses-tu toujours y vivre en paix !
Lui repartit son frère.
Puisse l'hiver pour toi n'être qu'un doux printemps !
Mais, s'il défend contre les vents,
L'arbre de Jupiter attire aussi la foudre ;
Et, s'il était réduit en poudre,
Franchement pour toi j'aurais peur :
Vivre trop près des grands est souvent un malheur.
Tout-à-coup des antres d'Éole
Les vents s'échappent en grondant ;
Leur fougueux passage désole
Le bois qui retentit d'un long mugissement.
Seul, comptant sur sa force immense,
L'arbre résiste à leur puissance.
Le roseau dit : Courage, monseigneur !
Vous triompherez dans la lutte.
Le chêne lui répond par un cri de douleur ;
Le roseau tremble, et son fier protecteur
Tombe, et l'écrase dans sa chute.

II

LA POULE ET SON POUSSIN.

Une poule avait un poussin
Qu'elle réchauffait dans son sein.
Elle le protégeait sans cesse,
Redoublait de zèle et de soins,
Pourvoyait à tous ses besoins,
Et ne savait comment lui prouver sa tendresse.
Le poussin devint grand ; il apprit à voler,
Fut étourdi, dissipé, petit-maître,
Et sa mère resta seule à se désoler.

— « Que va-t-il faire ? où peut-il être ?
Dans ce logis on est si bien !
Enfin, il ne lui manquait rien.
Il me semble déjà que je le vois malade,
Ou sous la griffe d'un renard
Qui peut trop bien punir son incartade. »
Certain vieux coq l'entendit par hasard.
— « Tu comptais donc, ô pauvre créature !
Que ton poussin suivrait toujours tes pas ?
Dès qu'il fut né tendrement tu l'aimas;
Il t'aima moins : c'est la loi de nature.
L'amitié ne remonte pas. »

III

LES DEUX MULETIERS.

Deux muletiers s'en allaient en voyage,
Menant chacun un mulet bien chargé.
 L'un d'eux ne pensait qu'au bagage
Dans ses paniers pesamment arrangé,
Calculait sur ses doigts son futur bénéfice,
Et laissait son mulet, jeûnant et haletant,
 D'un maître ingrat maudire l'avarice.
L'autre était non meilleur, mais du moins plus prudent;
Suivant l'adage ancien, ménageait sa monture,

Lui fournissait à chaque station
D'orge et de foin ample provision,
Vantait sa force et sa douce nature :
La bonne bête en l'écoutant l'aimait.
    C'est pourtant ainsi que nous sommes,
    Les animaux comme les hommes
    Se laissent prendre à ce qui plaît.
Cependant de voleurs une troupe assassine
    Près du chemin se glisse à pas de loup;
    Puis à nos gens se montre tout-à-coup.
Le premier muletier, qui prévoit sa ruine,
    Dit à son mulet : Sauvons-nous!
Le mulet répondit (Phèdre ainsi le rapporte) :
Et pourquoi me sauver? Pour rester avec vous.
Ma charge, notre ami, sera-t-elle moins forte?
Serai-je mieux traité? Non. Eh bien! que m'importe?
    Essayer d'un maître nouveau
    Convient mieux peut-être à ma peau.
Le maître de sa faute alors porta la peine.
Pendant cet entretien, le second muletier,
Monté sur son mulet, jouait de l'étrier,
    Et se sauvait galopant dans la plaine.

Rois, aimez vos sujets, sachez les ménager;
Vous les retrouverez au moment du danger.

IV

LE PROCUREUR DU ROI, LE CURÉ ET LE MÉDECIN.

Chez un ministre, on vantait la police.
    C'est le flambeau de la justice
    Et le ferme appui de la loi,
Disait en déclamant un procureur du roi.
    Un bon curé blâmait fort cet usage :
    C'est immoral, disait-il, et peu sage.
Au lieu de s'occuper à traquer les méchans,
    Que n'en fait-on d'honnêtes gens
    En leur prêchant la parole divine?

Un vieux docteur trancha la question :
Je suis pour la police, et voici ma raison.
Il en faut une, ainsi qu'en médecine
On doit parfois se servir de poison.

V

LE CRI DU PEUPLE.

Le roi lion dans sa tanière
(Je voulais dire son palais),
Entouré de tous ses sujets,
Certain jour tenait cour plénière.
Au pied du trône, une pauvre brebis
　Accourt en pleurant, et ses cris
　Du prince implorent la justice.
Robin, son cher Robin, des moutons le plus doux,
　A péri sous la dent des loups.

Est-il pour ce forfait un assez grand supplice?
Mais les loups étaient gros seigneurs,
Fort bien en cour et très mauvais coucheurs.
Le renard, qui par politique
Les ménageait comme ses protecteurs,
Prend la parole et dit : Toujours même tactique!
Quand des ministres vertueux,
Pour servir la chose publique,
Répriment quelques factieux,
La populace aussitôt crie :
Au forfait! à la tyrannie!
Robin a mal parlé de vous;
C'était un traître, et nos seigneurs les loups
Ont à bon droit puni sa félonie.
Quant à sa mère la brebis,
Je ne l'accuse point; mais pourtant de son fils
A vous maudire elle instruisit l'enfance :
De ses leçons voilà les dignes fruits.
A ce discours l'honorable assistance
Pâlit et demeure sans voix.
Maudire le meilleur des rois,
Vit-on jamais pareille offense?
La pauvre mère atteste en vain son innocence;
Contre ses oppresseurs elle invoqua les lois.
C'est là le crime; elle en sera punie.
Un loup l'égorge à belles dents.
Mais la foule des courtisans,

Devant le palais réunie,
Blâme ses cris qu'elle trouve indécens,
　　Insulte à ses derniers momens,
Et boit son sang qui coule sous le porche.
　　Voyez, disaient ces bons valets,
　　L'affreuse bête! à quels excès
　　Elle ose se porter.... Eh! mais....
　　Elle se plaint quand on l'écorche.

Auprès des grands le peuple a toujours tort;
　　Sa plainte excite leur colère.
Pour trouver grâce il doit subir son sort,
　　Voir le mal, souffrir et se taire.

VI

LES ABEILLES.

Dans une ruche une émeute survint :
La pauvre reine à grande peine obtint
    Qu'on lui laissât la vie.
Chaque abeille voulut vivre à sa fantaisie,
    Et pour son compte butiner,
    Sans rien apporter à la masse.
    Dans l'air on les voit bourdonner,
    Puis s'arrêter de place en place,
Ne pensant guère au pollen, au couvain ;

Bref, sans souci du lendemain.
Elles ne savent plus produire,
Méconnaissent les dons du ciel;
Plus de travail, mais aussi plus de cire,
Plus d'alvéoles, plus de miel.
La faim les disperse, les tue,
Dans l'instant même des moissons;
Et la ruche mal défendue
Est surprise par les frêlons.

Par cet exemple je m'efforce
A prévenir des maux que je prévois.
Sachons-le bien, l'union fait la force;
C'est la sauve-garde des droits.

VII

ALEXANDRE-LE-GRAND.

A LA REINE D'ANGLETERRE APRÈS L'ATTENTAT D'OXFORD.

Vingt rois, du couchant à l'aurore,
Obéissaient à Darius;
Mais, comme un brûlant météore,
Courant du Bosphore à l'Indus,
Alexandre brisa sa puissance usurpée.
Alors ce conquérant ne connut plus de lois
Ni de pouvoir que son épée;

De ses soldats il fit des rois,
Se crut un dieu.... Toute la terre
De ses pieds baisa la poussière ;
Puis la fièvre se fit sentir,
Et celui dont le bras voulait tout asservir
Tomba sans force sur la terre ;
Puis il vit qu'il fallait mourir
Et revêtir son froid manteau de pierre.

Tu l'as connue aussi cette fragilité,
Attribut de l'humanité,
Reine qu'enivraient tant d'hommages !
Tu te croyais peut-être au-dessus des orages ;
Tes vertus honoraient les rois ;
Digne d'aimer et d'être aimée,
De parfums d'amour embaumée,
Tu disais ton bonheur au silence des bois.
Quand du sol humide
Ta course rapide
Chassait le gravier,
La foule amoureuse
Se trouvait heureuse,
Et semblait prier
Pour toi, pour ta mère,
Pour cette Angleterre
Dont les fiers destins,
Comme une arche sainte,

> Reposent sans crainte
> Dans tes jeunes mains.
> Tes jours, filés d'or et de soie,
> S'écoulaient dans l'enchantement;
> A pleine coupe on te versait la joie,
> Et l'assassin épiait le moment.

> Le voilà donc ce bonheur qu'on envie,
> Et pour trancher le cours d'une si belle vie,
> Pour ébranler un royaume puissant,
> Un peu de plomb suffit dans la main d'un enfant.
> Que je te plains, ô pauvre jeune reine !
> Naguère encor confiante, à la cour
> Tu n'apportais que des rêves d'amour.
> Le peuple te cherchait et te trouvait sans peine.
> Le lourd fardeau de la grandeur
> Et de ses devoirs si pénibles
> N'altérait point de ton front la candeur;
> Des jours sereins, des nuits paisibles
> Chassaient les soucis de ton cœur.
> Satan s'est révélé par un coup de tonnerre;
> C'est affreux.... mais par là peut-être Dieu t'éclaire.

> Hélas ! n'as-tu pas quelquefois
> Méconnu de ce Dieu la suprême puissance?
> Il est au ciel un roi des rois;
> Qui veut trop s'élever l'offense.

Abaisse l'orgueil de ton rang,
Adresse vers lui ta prière ;
Puis, à genoux sur l'humble pierre,
Dis avec moi : Dieu seul est grand !

VIII

LE LION ET LE LÉOPARD.

Sire lion et sultan léopard,
Quoique voisins, vivaient très mal ensemble;
   A chacun d'eux toujours il semble
   Que le voisin prend sur sa part;
   Tout haut à la famine il crie
   Et que sa table est mal servie.
   Ambassadeurs sont mis en jeu;
   Puis des griefs longs d'une toise.
   On s'agace, on se cherche noise,

On s'injurie, on se fâche en haut lieu;
Puis on en vient aux coups, sans crier gare.
Le léopard n'était pas le plus fort :
   Aussi, sans bruit, il se prépare;
Chez les voisins va se plaindre d'abord,
Et du lion dit cent contes perfides,
   Que de fois on eut à souffrir
De cette faim qu'il ne peut assouvir;
   Presse, prie, offre des subsides,
Recrute enfin des bataillons entiers,
Et prudemment rentre dans ses quartiers.
Les ours du Nord, les renards d'Allemagne,
Par lui payés, ouvrirent la campagne.
   Ils essuyèrent des revers,
   Plus d'une déroute effroyable,
   Et du lion la griffe redoutable
Teignit leurs flancs et déchira leur chairs.
Le léopard, caché dans sa tanière,
Observait tout, guettait l'instant prospère.
   Il demeura dans le repos
   Tant que le roi des animaux
   Fit trembler la contrée entière.
   Mais la fortune se lassa.
Quand il le vit harassé de victoires,
   L'amateur des faciles gloires,
   Sultan léopard s'avança,
   Entra tout frais dans la carrière,

Attaqua son brave adversaire,
Et sans peine le terrassa.

Certains docteurs, qui d'ordinaire
Ne savent rien et pensent tout savoir,
Dans ce récit tout simple ont voulu voir
    La France et l'Angleterre.

IX

LES PIES.

Sur un arbre perchaient trois pies,
Toutes jasant à qui mieux mieux,
Mordant, déchirant leurs amies;
C'était plus méchant qu'ennuyeux.
Certains spectateurs bénévoles,
  Qui trouvaient ces cancans fort drôles,
Applaudissaient du geste et de la voix.
Ils furent vus par le trio sournois,
  Qui contre eux avec perfidie

Dirigea son artillerie
Et les couvrit de boue et d'excrémens.

On perd ses soins à flatter les méchans ;
Même il faut savoir dans la vie
Se garder de leur amitié :
Le mieux est d'en être oublié.

X

LE MIROIR.

D'être battus et d'avoir tort,
C'est des donneurs d'avis assez souvent le sort.

 Par l'âge une femme trahie,
 Craignant de n'être plus jolie,
  Dans son miroir
  Alla se voir,
 Pour prendre son avis sincère.
Le miroir répondit que la saison de plaire
  Était passée, et qu'il fallait

Penser à son salut et non plus au muguet.
Sur ce conseil, vous croyez que la dame,
Voulant être exempte de blâme,
Se cloîtra dès le même soir :
Non ; elle brisa son miroir.

XI

LES VENTS ET LES FLOTS.

Des bords de l'indien rivage
Un vaisseau revenait de richesses chargé,
Contre les autans et l'orage
Un dieu l'avait jusque là protégé.
Sur le cristal mouvant de la plaine liquide
Il glisse, et la voile rapide
Franchit les mers et déjà touche au port.
Ivre de joie et d'espérance,
Le marchand, bénissant le sort,

Rêve à sa future opulence.
Il voit la pourpre et l'or briller sur ses habits,
De ses palais la terre au loin couverte,
Et la faveur toujours à la fortune offerte
Ériger ses enfans en comtes, en marquis.
D'un vain espoir quand il se flatte,
Tout-à-coup l'Océan mugit, la foudre éclate,
Et des rapides aquilons
Bientôt la rage impatiente
S'annonce au loin par d'épais tourbillons.
Battu de la vague écumante,
Le navire entr'ouvert n'oppose à sa fureur
Qu'une résistance impuissante.
Plus malheureux depuis qu'il rêva le bonheur,
Pâle de désespoir, de rage,
Le marchand accuse les dieux;
Puis lançant sur les flots des regards furieux,
A chaque instant sa voix les prie ou les outrage.
— O flots, dit-il, apaisez-vous!
Qu'exigez-vous? Quels vœux? quels sacrifices?
Le sang de cent belles génisses
Peut-il calmer votre courroux?
Du fond des eaux Neptune entend sa plainte.
Cesse, lui dit-il, malheureux,
D'adresser de stériles vœux
Aux flots, dont le courroux excite seul ta crainte.
De la rage des fiers autans,

Que peuvent ils, aveugles instrumens?
Tourne vers une autre puissance
Tes prières et ton encens;
Rends-toi plus propices les vents;
Si tu le peux, désarmes leur vengeance,
Et tu verras ces flots dont tu crains la fureur
Caresser ton vaisseau du naufrage vainqueur.

Ainsi des discordes civiles
N'accusons pas le peuple : il est aveugle et bon.
Dans tous les troubles que voit-on?
Un pouvoir qui s'endort, quelques meneurs habiles,
Et des citoyens imbéciles.

XII

LES DEUX AUTEURS.

Voyez cet auteur famélique
Mordre un pauvre auteur son voisin,
Qui se rebèque, et fournit la réplique
En prose, vers, grec et latin.
A voir ainsi ce couple avide,
Pour la gloire se disputant,
Ne dirait-on pas bien deux ânes se battant
Devant un grand ratelier vide?

XIII

JUSTINIEN.

Laisser faire le mal, c'est s'en rendre complice.

Un empereur (Justinien, je crois)
Promulgua d'excellentes lois,
Mais ne sut pas unir force et justice.
Il livra le pouvoir à d'indignes agens.
Cette troupe de courtisans,
Comme un essaim de guêpes en furie,
Suça les pauvres paysans,
Leur laissant à peine la vie.

Leurs cris vinrent à l'empereur,
Qui s'en plaignit à certain gouverneur
   Fort vénéré pour sa sagesse.
   — Que faire? Je veille sans cesse,
   Mes efforts sont infructueux :
   Partout le peuple est malheureux,
Je ne vois devant moi que figures sinistres.
Pourtant je veux le bien. — Chassez donc les abus.
Qu'importe que l'on ait pour empereur *Titys*,
   S'il prend des *Séjan* pour ministres?

XIV

LE CHIEN DE COUR.

Entrons dans ce collége. Ah, bon Dieu ! quel tapage !
    Une troupe d'enfans hargneux
    Pour démolir est à l'ouvrage ;
Quand paraît un pédant au maintien sérieux.
Aussitôt de partout on s'évertue, on crie :
Haro sur le baudet ! D'une meute en furie
    Ce sont presque les hurlemens.
    Il pérore, il menace, il prie,
    Pose argumens sur argumens,

S'épuise en longs raisonnemens.
On le harcèle, on le bafoue.
Il n'a plus qu'à tendre la joue,
Tant ses ennemis sont pressans.
Cet homme à la mine hagarde,
Tout prêt à crier : à la garde !
C'est au collége un chien de cour, ou bien....
A la Chambre, dont Dieu vous garde,
C'est un ministre citoyen.

XV

LA CHICANE ET L'ARAIGNÉE.

Dame Chicane et l'Araignée
Sont vraiment de même lignée.
Observez-les, vous jugerez.
Toutes deux noires et velues
Tendent des filets bien serrés
Où vont se prendre les recrues
Et quelquefois les plus madrés.
Dans leurs retraites ténébreuses
Quand on est prêt à les saisir,

Par mille routes tortueuses
Elles savent à propos fuir.
On les trouve souvent ensemble,
(Car qui se ressemble s'assemble)
Au Palais parmi les dossiers,
Où sont établis leurs quartiers.
De ruses chacune fourmille,
Prend surtout les fils de famille,
Dans sa caverne les descend,
De ses longs bras les entortille
Et puis se repait de leur sang.

XVI

LE ROI DU MONOMOTAPA.

Ce n'est chose facile
Que le métier de roi ;
Je n'en voudrais pas sur ma foi,
Et je le laisse à plus habile.

Un roi vivait au Monomotapa.
Toute sa vie il s'occupa
De rendre heureux un peuple peu docile.
Il fut mal payé de ses soins.
Il avait beau prévenir leurs besoins,

Ses sujets se plaignaient sans cause.
Quand ils avaient le bien en chaque chose,
C'était le mieux qu'il leur fallait.
Ce fut peu pour lui de se plaindre,
Le peuple bientôt se fit craindre.
On insulta le roi dans un pamphlet.
Où le respect finit la révolte commence.
Ce bon roi, perdant patience,
Leur dit enfin : Pour Dieu, mes excellens sujets,
Au moins pardonnez-moi le bien que je vous fais !

XVII

LE DANSEUR.

Certain danseur sur le théâtre
Le jarret tendu s'élançait,
Et toute la foule idolâtre
Avec transport applaudissait.
Il était beau, galant, bien fait.
A la fin du spectacle il rentra dans sa loge,
   Mit à bas tous ses oripeaux.
Hélas! quel changement! et de trente journaux
   Par où mérita-t-il l'éloge?

On n'entend claquer que des os.
L'œil est éteint, commune est la figure,
Le teint est jaune et gauche la tournure.
Sont-ils deux portant même nom ?
On ne les croirait pas de la même famille.

Otez l'aile du papillon,
Que reste-t-il ? une chenille.

XVIII

LE BIBLIOMANE ET LE PICARD.

Chez un fameux bibliomane
Certain Picard, qui n'était pas un âne,
Vint un beau jour. Le maître du logis,
 En voyant son habit modeste,
 Le prend pour un petit commis
 Et le traite d'un ton fort leste.
Notre Picard, sans paraître surpris,
 Jette un coup d'œil sur les livres de prix
Qui couvraient les rayons, vante leur reliure,

Leur format, surtout leur dorure,
Puis s'arrête. Le maître en colère lui dit :
Vous jugez avec peu d'esprit
Les livres par la couverture.
— Comme vous les gens sur l'habit.

XIX

LE SILENCE.

Savoir se taire est d'un homme sensé :
Le sot toujours de parler est pressé.

   Dans un salon était un sage.
Il se taisait : le croyant en défaut,
De jeunes gens un fade aréopage
De cent brocards le poursuivait tout haut.
     — Comment expliquer son silence ?
     Il est sourd. — Non, mais idiot.
     — Ou peut-être n'est-ce qu'un sot.

Un ami, perdant patience,
Lui dit : Entendez-vous ce qu'osent publier
A haute voix ces jeunes drôles ?
Il répond : J'aime mieux faire calomnier
Mon silence que mes paroles.

XX

LE DIAMANT.

Dans une mine un ouvrier
Trouva par hasard une pierre,
Inégale, rude, grossière,
Et qui paraissait bonne à jeter au fumier.
Il la prend pourtant, l'examine,
Ote sa croûte de gravier,
Connaît bientôt son origine,
La frotte, l'use, la polit.
Elle étincelle, resplendit :

A force de travail, d'adresse,
La pierre devient diamant,
Et fait aujourd'hui l'ornement
De la couronne d'une altesse.
La voilà pour toujours échappée à l'oubli.

De l'éducation tels sont les avantages :
Elle polit les mœurs, adoucit les visages,
Et d'un rustre grossier fait un homme accompli.

XXI

LA POUPÉE.

Cécile avait une poupée
Dont elle était constamment occupée,
Beaucoup plus que de sa leçon;
Voulait la conduire à l'école,
Enfin elle était presque folle
De son idole de carton.
Elle la flatte, la rudoie,
C'est son caprice, c'est sa joie,
Son passe-temps et son bonheur,

C'est aussi son souffre-douleur.
Elle vante sa gentillesse,
A tout venant la présente sans cesse,
La fait lever, la fait asseoir,
Tant qu'enfin un beau jour elle la laissa choir.

Dans ce tableau voyez mainte famille.
Plus d'une mère fait un jouet de sa fille,
La siffle comme un perroquet,
La bourre de bonbons, exerce son caquet,
Vingt fois par jour la déshabille.
Qu'arrive-t-il ? la pauvre enfant
Voit ses repas ne durer qu'un instant,
De son sommeil les heures dérangées,
Et meurt, comme Ver-vert, sur un tas de dragées.

XXII

LE VOISINAGE DE LA ROSE.

Que fais-tu là, pauvre fleur inodore,
Qui n'as pour nous charmer que tes vives couleurs?
   Mais approchons... Quel miracle de Flore!
   Quoi tu répands de suaves odeurs!
D'où vient ce changement, et quelle en est la cause?
    — Je suis toujours comme mes sœurs,
   Mais j'ai vécu près de la rose.

XXIII

LE PRINCE ET SON FILS.

Un seul jour avait vu détruire
D'un prince le superbe empire.
   On avait renversé,
  Il fallait reconstruire.
Son successeur, homme sensé,
Aurait voulu ne mettre en place
Que le mérite et la vertu.
Où les trouver? tout était confondu.
  Malgré lui l'intrigue et l'audace

Parvenaient par mille chemins,
S'aidant et des pieds et des mains.
C'était désolant, mais que faire?
Son fils, jeune homme généreux,
Étant encor dans l'âge heureux
Où la vertu sans fard sait plaire,
S'indignait de voir tous ces gens
Au pouvoir comme au mât de cocagne grimpans,
Sans qu'aucun craignît la berlue.
— Chassez toute cette cohue
Sans cœur, sans talent, sans esprit.
On ne voit qu'eux, le mérite se cache.
En souriant le prince répondit :
— Quoi! si peu de chose te fâche,
Et te voilà tout interdit!
Il faut qu'ainsi cela se passe.
Quand se fait l'ébullition,
Ce qui s'épure reste au fond,
L'écume monte à la surface.

XXIV

LA VIE.

Cette allée est si bien percée,
Sans y songer qu'on fait tout le chemin :
　　Le commencement et la fin
　　Se confondent dans la pensée ;
　　Car tout est uniforme et plat.
　　C'est le tableau de notre vie.
　　Si nous la passons sans combat
　Et sans lutter de travail, de génie,
Sans par quelques jalons signaler le parcours,

560

Quand au bout de notre carrière
Nous regarderons en arrière,
Nous n'aurons vécu que deux jours.

XXV

LA CHUTE DE NIAGARA.

Ce fleuve si grand et si beau
Commença par un filet d'eau,
  Que dans la plaine
  On remarquait à peine.
Aujourd'hui large, impétueux,
Il baigne de ses eaux grossies
Les bois et les vertes prairies;
Puis il coule vers d'autres lieux.
Les fleurs qui bordent son rivage

Se penchent amoureusement
Pour le baiser à son passage ;
Mais, vains regrets, il coule incessamment
Sans que rien arrête sa fuite ;
Va plus vite, se précipite,
Tombe dans un gouffre sans fond,
Où la lumière est obscurcie,
Où tout arrive et se confond.....
N'est-ce pas là l'image de la vie ?

XXVI

LE CHIEN COUCHANT ET LE DOGUE.

Le Chien couchant disait au Dogue :
« Tu ne sais pas te faire des amis ;
Tu prends l'air gourmé, le ton rogue
Avec tous les chats du logis.
　Dès que l'on t'injurie,
Tu mords, et contre toi l'on crie.
Cela te nuit avec raison.
Regarde-moi ; je fais ma ronde
Quand j'arrive dans la maison ;

Je flatte tout le monde,
Jusqu'au plus petit marmiton.
Je me livre à maint exercice ;
Je fais des sauts, des soubresauts :
Aussi chacun me rend justice,
J'attrape force bons morceaux.
— Laisse-moi finir, je t'en prie,
Le tableau complet de ta vie,
Reprit le Dogue, en peu de traits :
Tu reçois mille camouflets
Sans murmurer ; ta bassesse effrontée
Brave le mépris des valets,
Et tu lèches la main qui donne la pâtée.
Moi, t'imiter ! non, non, jamais !
Je ne suis pas flatteur, je le confesse.
— C'est pourtant un fort bon métier,
Qu'entretient l'humaine faiblesse ;
A tous les goûts il faut savoir plier,
Faire le beau, dans les yeux lire,
Avec sang-froid s'entendre dire
Des mots piquans, les oublier ;
Recevoir un coup de soulier
Comme on reçoit une caresse,
Sans que cela paraisse.
— Fi donc ! tu me ferais rougir.
C'est par des services utiles,
Non des complaisances serviles,

Qu'on doit se faire bien venir.
La nuit je suis sur le qui-vive,
Et si quelque voleur arrive,
Il me trouve sur son chemin.
— Bien, mon cher... meurs de faim.

Ces cœurs dévoués, bizarres,
Ne sont plus de notre temps.
Le monde est plein de chiens couchans,
Les dogues deviennent bien rares.

XXVII

LE VIEUX PROFESSEUR ET SON FILS.

Un savant, modeste, éclairé,
Par le bien public inspiré,
Répandait avec abondance
Tous les trésors de sa science.
Par malheur une âme de feu
Habitait dans un corps débile ;
L'ardeur, le besoin d'être utile
Le soutenaient encore un peu ;
Mais Atropos ne le perdait de vue,

Et chez les morts préparait sa venue.
Son fils lui disait en pleurant :
Reposez-vous; de votre vie
Les ressorts vont toujours s'usant.
Il répondit : Mon cher enfant,
Je ferai comme la bougie
Qui se consume en éclairant.

XXVIII

LA FEUILLE D'ACIER.

Devant un bon vieillard une folle jeunesse
De ses aïeux Gaulois critiquait la rudesse ;
Nous sommes, disait-elle, un peuple policé
Par les mœurs, par les arts, comme autrefois la Grèce ;
Vive l'âge présent, et nargue du passé !
  Le vieillard, sans trop de colère,
  Lui montre une feuille d'acier
  Brillante, flexible, légère,
  Sortant des mains de l'ouvrier.

C'était, dit-il, une barre grossière,
Rude au toucher, désagréable à voir ;
  On l'a passée au laminoir,
Ensuite on l'a polie et façonnée ;
   A présent elle est destinée
   A briller sur quelque comptoir.
Mais pesez-la, de forte on l'a faite d'avance
    Incapable de résistance.
    C'est une feuille de papier,
    Le moindre effort la fait plier.

    Il ne faut pas que l'on s'abuse ;
     A force de polir, on use.
Ainsi l'on a vu Rome en proie à ses rhéteurs
Perdre toute sa force avec ses vieilles mœurs.
    Ainsi l'on vit les Grecs du Bas-Empire
     Et d'autres que je pourrais dire.
Je m'arrête et ne veux faire un rapprochement
Des Gaulois d'autrefois aux Gaulois d'à présent.

XXIX

LES COUPS D'ÉPINGLE.

Certain bourreau voyant qu'à ses tortures
    Plus d'un courage résistait,
Inventa pour dompter ces rebelles natures
    Les coups d'épingle. On en riait;
    Mais lui, se mettant à l'ouvrage,
    Fit bien voir qu'il avait raison ;
    Tel qui bravait la mort et la prison
      Sentit chanceler son courage
      Devant cet ignoble tourment,

Qu'on répétait incessamment.

Dans nos salons, où plaît l'art de médire,
J'ai vu parfois cet usage importé
Par une femme, ange par le sourire
  Et démon par la cruauté.

XXX

LE CONVOI DU CHIEN.

On pleure un ennemi pour s'en faire un mérite,
    Par faux semblant de générosité ;
        C'est une douleur hypocrite,
        Il y manque . . . . la vérité.

Au convoi de Rifflard, célèbre chien de chasse,
    Plusieurs animaux assistaient.
Le singe au premier rang faisait mainte grimace,
    La vache et le cheval pleuraient :
C'était un vieil ami que tous deux regrettaient.

De la plus fine hypocrisie
S'était cuirassé certain chat.
    Son air était béat ;
Sa mine triste et recueillie
Eût fait honneur à plus d'un candidat
    Au fauteuil de l'Académie,
Qui sent, par un décès, poindre un rayon d'espoir,
    Et tremble de le laisser voir.
    Un gros bœuf qui faisait partie
Du funèbre convoi, comme ami, dit au chat :
    Je crois votre regret sincère,
    Pourtant je ne le comprends guère ;
Vous et le chien étiez ennemis par état,
    Vous viviez comme chien et chat.
C'est qu'alors, dit le chat, il était plein de vie ;
    Mais sa mort nous réconcilie.

XXXI

LE SAGE.

Certain Sage vivait à la cour d'un grand prince,
  Qui l'avait fait venir de la province
Pour entrer au conseil et donner des avis.
On s'applaudit bientôt de les avoir suivis.
  La paix revint, de grands abus cessèrent,
    Et les finances prospérèrent.
    Je dis finances de l'État,
Trop fier pour demander, car notre pauvre Sage
  Mourait de faim, n'ayant pour tout potage

Que la pitance d'un soldat.
On l'oublia. Ce fut pour ce ferme courage
　　De ses maux le plus douloureux.
　　Le chagrin vint et la fièvre à sa suite
　　Avec son cortége hideux.
Par hasard à la cour son danger s'ébruite ;
C'est alors qu'on le plaint, qu'on vante ses talens.
　　Le prince accourt, mais il n'était plus temps.
　　Le Sage ouvre un peu la paupière
　　Et lui dit avant de mourir :
Long-temps si vous voulez que votre lampe éclaire,
　　D'huile sachez l'entretenir.

　　Princes et rois aisément de mémoire
　　　Manquent pour les plus grands bienfaits.
A regret je le dis, mais ce ne fut jamais
　　Le beau côté de leur histoire.
　　Par de stériles complimens
Ils pensent bien assez reconnaître un service,
　　Et le plus clair de leurs remercîmens
　　　Est souvent un : Dieu vous bénisse !

XXXII

LES SINGES.

Certain marquis avait fait sa toilette
   Devant son singe du Brésil ;
   Lorsque le maître eut fait retraite
Le singe aussi voulut être gentil ,
   Que sa réforme fût complète.
   De son maître il met les habits ,
   Se donne des airs de marquis ,
   Au cou se passe sa lorgnette ,
   Rit , sautille , montre ses dents.

Mais pendant qu'il était à l'œuvre,
Un passant, voyant sa manœuvre,
Lui dit : L'ami, tu perds ton temps;
Sous tes grands airs, tes habits et ton linge,
On reconnaît toujours le singe.

Ainsi, dès que dans nos salons
Paraît un des rois de la mode,
On voit en foule les lions
Du dernier goût lui demander le code,
Suivre ses pas, l'imiter bien ou mal,
Singer ses airs, outrer ses fantaisies.
Ce sont de mauvaises copies
D'un amusant original.

XXXIII

LA VACHE, LA PIE ET LE COCHON DE LAIT.

La mort la moins prévue est toujours la meilleure.

 Un gros fermier voulant dans sa demeure
 Régaler ses amis, dit à son grand valet
  De prendre le Cochon de lait.
 Ce propos fut retenu par la Pie,
 Qui courut vite annoncer au Cochon
  La funeste commission,
Tandis qu'il se roulait sur la verte prairie.
Une Vache entendit l'oiseau malencontreux :

Ah! que te maudissent les dieux,
Dit-elle, messager de sinistre présence!
Que ne lui laissais-tu sa paisible ignorance!
    Que t'avait fait ce malheureux?
Pourquoi de l'avenir lui déchiffrer le livre?
Il ne peut éviter le destin qui l'attend,
    Et le peu qui lui reste à vivre
    Grâces à toi devient un long tourment.

XXXIV

L'AUTOMATE.

Dans un cabinet d'automates,
Des morts fameux se trouvaient réunis :
On y voyait des rois, des diplomates,
　　Des raffinés de tous pays,
　　L'épée au poing, comme jadis.
De l'homme, ils avaient tout, excepté la parole.
　Le petit Charle, en sortant de l'école,
　Avec sa mère accourut pour les voir.
　Un merveilleux était allé s'asseoir

Auprès d'un superbe automate :
Il touche à ses cheveux, arrange sa cravate ;
   Puis, se posant d'un air content,
   Avec respect porte sa tête.
Il est tout d'une pièce ; on le prendrait vraiment
Pour un des mannequins, tant il est ressemblant.
Par hasard il prononce un mot, puis il s'arrête,
   Dans son silence encor plus éloquent.
      Mais à ce mot le petit Charle,
      Qui prend ce monde au sérieux,
      Dit en montrant le merveilleux :
      Vois donc, maman, celui-là parle.

XXXV

LE VAISSEAU QUI FAIT NAUFRAGE.

Un vaisseau craignait le naufrage,
Et cependant les marins mutinés,
Au lieu d'unir leur force et leur courage
Pour dompter les vents déchaînés,
Relever le vaisseau, réparer la carêne,
Se querellaient, blâmaient leur capitaine,
S'occupaient de tout, excepté
De veiller à leur sûreté.
De ces dissensions chacun d'eux fut victime,

Car le vaisseau disparut dans l'abime.

Tel est le sort qui menace un État,
Lorsque le général est blâmé du soldat.
Qu'on livre aux factions la ville et la province,
    Qu'impunément on insulte le prince.

XXXVI

LE COQ ET LA POULE.

Publiquement un coq battait sa poule,
Lui reprochant son infidélité.
 Avez-vous vu ? disait la foule,
 Le taxant de légèreté ;
Il faut apprécier et les faits et les causes.
 Je n'ai point de preuves en main,
 Répond le coq ; pourtant, j'en suis certain.
Il disait vrai : les plus petites choses
 Échappent aux indifférens,
 Mais convainquent les cœurs aimans.

XXXVII

LE GÉOMÈTRE EN DÉFAUT.

Une femme a toujours raison,
Aussi de lui répondre NON
Je me garderais bien, c'est chose trop scabreuse.

Un géomètre fort savant
Prit une femme un peu grondeuse,
Un peu coquette, un peu boudeuse,
Mais bonne femme au demeurant.
Au logis elle était maîtresse,
Selon ses goûts changeait, taillait sans cesse,

Car son mari, plongé dans les abstractions,
    S'occupait peu des questions
    Du ménage ou de la toilette;
Elle parlait de tout, décidait hardiment,
Quand monsieur se taisait ou bien faisait retraite.
    Certain jour il lui dit pourtant :
    Vraiment, pour peu que cela dure,
  Vous me ferez croire, c'est chose sûre,
    Qu'un et un font trois. — Pourquoi pas?
Si je voulais m'en donner l'embarras.
— Je vous mets au défi. — J'accepte la gageure.
A quelques jours de là, s'éveillant un matin,
  Elle sentit tressaillir dans son sein
Un être qui bientôt lui devrait l'existence.
De joie elle bondit, et de son lit s'élance
  Vers son mari qui venait à ses cris.
    Quand elle eut calmé ses esprits,
    Le géomètre avec tendresse
  La regardait, l'interrogeait tout bas.
    Elle l'attire dans ses bras,
  Contre son sein long-temps le presse,
Et cent chastes baisers arrivent à la fois.
J'ai gagné, lui dit-elle, avec un doux sourire :
    Ose encore me contredire;
    Un et un ne font-ils pas trois?

XXXVIII

LE PÉLICAN ET LE COUCOU.

Le Pélican élevait sa famille.
— Je te plains, disait le Coucou ;
Ce que tu fais est un métier de fou.
Autour de toi l'on crie, on s'égosille ;
Tu n'as jamais un instant de repos.
Pour nourrir tes enfans il faut que tu travailles,
Que tu rames sans cesse. Oh! les sottes marmailles!
Tandis que moi, si je deviens si gros,
Sais-tu pourquoi? C'est que je donne

A d'autres le souci d'élever mes enfans.
— Oui, c'est là ta tendresse. Ah! quand Jupiter tonne,
Pour qui réserve-t-il ses plus durs châtimens?
Tu n'as donc pas goûté les plaisirs d'un bon père,
De nourrir ses enfans et de souffrir pour eux?
Cela fait tant de bien : que tu vis malheureux!
— Moi? non. De pareille galère
Je me garderais bien. Ce que j'aime, c'est moi;
Je me soigne; je suis bien plus heureux qu'un roi.

Une famine épouvantable
Vint fondre sur le Pélican.
De ce fléau, pendant un an,
Il souffrit bien; rien sur sa table
Ne venait offrir d'aliment
A ses pauvres enfans. Que faire?
Le danger devenait pressant.
Dans ce cruel moment le pauvre père,
Privé de tout, les nourrit de son sang.
Le Coucou s'étonnait de leur longue abstinence,
Et le Pélican se mourait;
Sa vie avec son sang fuyait,
Quand par lui ses enfans recouvraient l'existence.
Mais sa famille le pleurait;
Ce fut toute sa récompense :
C'est la seule qu'il espérait.

La part du Pélican est encor la meilleure.

391

Jusqu'à sa dernière heure
Du moins il fut aimé.
Le Coucou mourut seul et d'ennui consumé.

XXXIX

LES DEUX VIPÈRES.

    Sous l'herbe voyez se glisser
  Cette couleuvre à la tête aplatie,
A l'œil fixe, à la peau brune, luisante, unie.
    Malheur à qui l'ose presser!
    Elle se gonfle, se redresse,
    Darde sa langue avec vitesse,
Dans ses crochets recèle le poison :
    C'est la vipère de Buffon.

Observez cette femme à la voix doucereuse,

A la contenance douteuse;
Elle sourit d'un air contraint,
De sa santé toujours se plaint;
Quoique jeune, est pâle et flétrie.
Dans un coin la voilà blottie.
D'un seul regard le cercle est parcouru :
La coquette, l'amant bourru,
Le mari trompé, la pédante,
Sont dévoilés par sa langue méchante.
Le plaisir qui la fuit, de sa haine est l'objet;
Elle sonde les cœurs pour trouver leur misère,
S'applaudit du mal qu'elle fait.
De nos salons c'est la vipère.

XL

LES COINS ET LES MARTEAUX.

Pour faire les plus durs travaux,
Vous savez qu'on se sert de coins et de marteaux.
D'abord le coin se place,
Le marteau frappe sur le coin ;
Le coin entre au fort de la place.
Et la masse enfin se disjoint.
A la Chambre ainsi tout se passe :
Quand s'ouvre une discussion,
Chaque parti se range sur deux lignes.

Un chef s'écrie : Attention !
Dit quelques mots, fait quelques signes.
Soumis à cette volonté,
A la tribune court un jeune député,
Au teint blême, à la voix sonore :
Il s'agite, il parle, il pérore,
Est pressant, fougueux, emporté.
Sur un nouveau signe il s'arrête,
Puis descend en baissant la tête,
Et va rejoindre ses drapeaux.
Les soumis sont les coins, les chefs sont les marteaux.

FIN.

TABLE DES FABLES.

Les deux Roseaux	305
La Poule et son Poussin	307
Les deux Muletiers	309
Le Procureur du Roi, le Curé et le Médecin . .	311
Le Cri du Peuple	313
Les Abeilles	317
Alexandre-le-Grand	319
Le Lion et le Léopard	323
Les Pies	327
Le Miroir	329
Les Vents et les Flots	331
Les deux Auteurs	335
Justinien	337
Le Chien de Cour	339
La Chicane et l'Araignée	341
Le Roi du Monomotapa	343

Le Danseur 345
Le Bibliomane et le Picard 347
Le Silence. 349
Le Diamant 351
La Poupée. 353
Le Voisinage de la Rose 355
Le Prince et son Fils 357
La Vie 359
La Chute de Niagara 361
Le Chien couchant et le Dogue 363
Le vieux Professeur et son fils 367
La Feuille d'Acier 369
Les Coups d'Épingle. 371
Le Convoi du Chien. 373
Le Sage 375
Les Singes. 377
La Vache, la Pie et le Cochon de Lait. 379
L'Automate 381
Le Vaisseau qui fait naufrage. 383
Le Coq et la Poule 385
Le Géomètre en défaut 387
Le Pélican et le Coucou 389
Les deux Vipères 393
Les Coins et les Marteaux. 395

FIN DE LA TABLE DES FABLES.

www.ingramcontent.com/pod-product-compliance
Lightning Source LLC
Chambersburg PA
CBHW071948220426
43662CB00009B/1041